La Giusta Riabilitazione Per Te

Potenziarti per Andare Oltre Qualsiasi
Comportamento Dipendente o Compulsivo

di Marilyn Maxwell Bradford

MSSW, MEd, CFMW

La Giusta Riabilitazione Per Te
Copyright © 2016 di Marilyn Maxwell Bradford
ISBN: 978-1-63493-092-5

Interior Design: Karin Kinsey
Traduzione: Igor Andreotti
A cura di: Bianca Luana Chirnoaga
Revisione di: Susan Anne Proctor

Pubblicato da Access Consciousness Publishing, LLC
www.accessconsciousnesspublishing.com

Stampato negli Stati Uniti d'America
Stampa internazionale nel Regno Unito e Australia
Prima Edizione

Indice

Introduzione

C iao, mi chiamo Marilyn Bradford e mi piacerebbe invitarti a una possibilità diversa per andare oltre la dipendenza.

La mia relazione con la dipendenza iniziò nella prima infanzia. Quando avevo sette anni ero così dipendente dallo zucchero che i miei genitori dovettero mettere un limite ai soldi che potevo spendere per comprare le caramelle. Più tardi sviluppai dipendenza verso le sigarette, il cibo e l'alcol, così come verso certi tipi di comportamento (il giudicarmi sbagliata e il cercare di fare la cosa "giusta"). Quello che all'epoca non capii era che stavo scegliendo le mie dipendenze come un modo per superare il senso di inadeguatezza, il sentirmi intrinsecamente sbagliata e l'essere subissata da pensieri, sentimenti ed emozioni che avevo in testa. La mia riabilitazione fu un processo lungo e difficile. Peccato che all'epoca non sapessi ciò che so ora!

Continuai a bere, fumare e mangiare disordinatamente durante i decenni successivi. Quando arrivai al punto in cui il mio matrimonio stava fallendo, e bevevo così tanto da cadere nell'oblio, entrai in psicoterapia. Fui fortunata a trovare un talentuoso terapeuta "non convenzionale" che mi aiutò a districare la folle ragnatela di bugie e di sistemi di credenza. Dopo che lavorammo assieme per un po' mi indirizzò verso un programma in 12 passi per aiutarmi a smettere di bere, visto che al momento quella sembrava essere la migliore opzione disponibile. A quel punto il mio matrimonio era fallito e stavo avendo a che fare con la depressione; mi sentivo isolata dalla mia famiglia. Ma stavo iniziando a intravedere una vita più piena e più eccitante di quanto avessi mai pensato possibile.

Poco tempo dopo entrai in un programma universitario per diventare terapeuta specializzata in dipendenze. Il programma enfatizzò l'importanza del potenziare le persone nell'avere una maggior scelta e controllo nelle loro vite. Dopo essermi laureata lavorai per tre anni e mezzo in un ospedale psichiatrico dove dirigevo l'Unità per i Traumi negli Adulti e lavoravo con persone affette da dipendenza. Col tempo iniziai a ricevere privatamente. Nei successivi anni dovetti vedermela con il paradosso del lavorare per rimanere sobria (consentendo ancora la mancanza di potere e consegnando la mia vita e la mia volontà a qualcuno o qualcosa più grande di me) e, allo stesso tempo, muovendomi da una base teorica, avendo chiara l'importanza di potenziare gli altri.

Arrivai al punto di imparare altri programmi di riabilitazione e li provai tutti. In qualche modo applicare la risposta di qualcun altro alla mia dipendenza sembrava richiedere uno sforzo enorme con un risultato, alla fine, insoddisfacente. Certo, ero sobria, ma con un grande costo per il mio Essere. Mi fu detto che dovevo avere un'identità permanente come alcolizzata e che dovevo dedicare ore di lavoro ogni giorno per rimanere sobria. La difficoltà per me fu che desideravo avere una vita basata su qualcosa di più grande di un programma di riabilitazione restrittivo e desideravo offrire questa più grande possibilità ai miei clienti.

Che sollievo fu scoprire Access Consciousness®! Finalmente c'erano davvero strumenti che potenziavano, tecniche e processi che potevo applicare a qualsiasi cosa stesse succedendo nella mia vita, incluso i restanti problemi con la mia dipendenza. Questi strumenti erano talmente efficaci che iniziai a insegnarli ai miei clienti con risultati straordinari. Non c'era più bisogno di approcciare le dipendenze usando il modo di qualcun altro. Gli strumenti abilitavano ogni mio cliente a scoprire ciò che fosse la vera riabilitazione per loro. I risultati erano così tanto diversi da quelli dei trattamenti psicoterapeutici o tradizionali sulle dipendenze che chiesi a Gary Douglas, il fondatore di Access Consciousness®, se avessimo potuto fare un programma per le dipendenze basato su Access Consciousness®. E così nacque *La Giusta Riabilitazione Per Te*, s.r.l.

Se sei disposto a considerare un approccio completamente differente alla dipendenza, questo libro fa per te. *La Giusta Riabilitazione Per Te* non ti offre un sistema al quale adeguarti. Quello che offre sono strumenti, tecniche, informazioni e processi che puoi usare per ripulire i tuoi problemi con la dipendenza e per creare una vita che va oltre qualsiasi comportamento dipendente o compulsivo. Questa è la tua scelta. Potrebbe spaventarti un po' all'inizio, ma con coraggio e determinazione potrai andare oltre il comportamento dipendente che pensavi ti avrebbe posseduto per il resto della vita.

Ringraziamenti

Gary Douglas

Il programma "La Giusta Riabilitazione Per Te" non sarebbe stato possibile senza Gary Douglas, il fondatore di Access Consciousness®. Non solo mi ha dato molti strumenti, tecniche e pulizie energetiche: è stato aggressivamente di supporto nei miei sforzi e con tutte le cose relative a "La Giusta Riabilitazione Per Te". La sua genialità, il suo incoraggiamento instancabile, la sua vera gentilezza e generosità di spirito mi hanno incoraggiato a cambiare, creare e farmi avanti in modi che non avevo mai nemmeno sognato fossero possibili. Non ho parole per ringraziarlo adeguatamente, quindi dirò solo: Gratitudine immensa per te, Gary Douglas. Sei mitico!

Dott. Dain Heer

Dain è stato un sostenitore del mio lavoro con "La Giusta Riabilitazione Per Te" fin dall'inizio. Non solo mi ha incoraggiato a tenere delle classi, ma ha giocato una parte cruciale nella mia disponibilità ad avere di più me stessa ed essere più di me stessa. Dalla prima volta che l'ho incontrato sembrava vedesse possibilità per me che andavano ben oltre qualsiasi cosa potessi immaginare. E mi fa ridere! Grazie mille Dain per il tuo sostegno e per il tuo incredibile, acuto e singolare senso dell'umorismo. Fai brillare la luce su ciò che è stupido e folle in un modo che permette di cambiarlo con facilità.

Dona Haber

Grazie infinite a Dona, la mia fantastica *editor*, per le sue idee ispirate e le sue capacità di revisione, per le infinite tazze di tè allo zenzero e per la facilità con la quale mi ha accompagnato attraverso il processo di scrittura di questo libro. E per il numero di risate e di bei momenti che abbiamo avuto con ciò che alcune persone potrebbero considerare un argomento pesante. Dona è un gioiello!

Simone Milasas

Vorrei ringraziare Simone per aver sostenuto attivamente "La Giusta Riabilitazione Per Te" e per essersi superata per incoraggiarmi in qualsiasi modo potesse. Ho così tanto rispetto per Simone, per la sua chiarezza, la sua saggezza e la sua capacità di vedere ciò che è e per vedere dove le cose possono andare. La sua consapevolezza delle possibilità, combinata con il suo pragmatismo e il suo approccio alla vita alla "facciamolo ora!" sono stati un dono enorme.

Suzy Godsey e Charlie

Mi piacerebbe ringraziare Suzy e il suo cane Charlie per essere diventati miei amici e avermi dato un posto magnifico dove stare a Santa Barbara, mentre lavoravo al libro, e per tutta la loro gentilezza. In Access noi tutti sappiamo che Susy è la persona più carina al mondo e sono arrivata a capire che Charlie è il cane più carino mondo. Grazie a entrambi per avermi dato un posto adorabile dove riposare, rinfrancarmi e divertirmi.

Blossom Benedict

Blossom è sempre stata disposta a farmi domande su "La Giusta Riabilitazione" e a condividere con me cosa avesse fatto con il suo programma "La Giusta Voce per Te". Possiede una straordinaria generosità di spirito e disponibilità a contribuire. Apprezzo anche la gioiosità del suo essere e la facilità che porta in qualsiasi cosa faccia. Blossom ispira sempre un senso di "anch'io avrò quello che ha lei" e l'ho usato per motivarmi a scegliere di più. Grazie Blossom!

Pam Houghteling, Donnielle Carter, Cynthia Torp and Stephen Outram

Mi piacerebbe ringraziare anche Pam, Donnielle, Cynthia e Stephen per essere stati gli esseri incredibilmente professionali, astuti, creativi e generosi che sono. Ognuno di voi ha aiutato me e "La Giusta Riabilitazione Per Te" in modi straordinari e utili. Grazie mille!

Joy Voeth

Joy Voeth, direttrice di Access Publishing, è entrata nel progetto dopo che era iniziato. Senza di lei non sarebbe mai stato portato a termine! Grazie Joy per la tua infinita pazienza, i tuoi suggerimenti creativi, il tuo supporto instancabile e la tua genialità!

CAPITOLO UNO

Miti e Bugie Riguardo le Dipendenze

Finché funzionerai da quello che ti è stato detto siano le dipendenze (e da tutti i miti e le bugie che l'accompagnano) non sarai mai in grado di scegliere aldilà di esse.

C'è così tanta disinformazione intorno alle dipendenze che, nel migliore dei casi, è un argomento che crea molta confusione. Appesantite dalle bugie e dalla disinformazione, molte persone, che desiderano sinceramente allontanarsi dal loro comportamento dipendente o compulsivo, falliscono e sono delusi semplicemente perché mancano loro informazioni accurate e strumenti efficaci. Mi piacerebbe iniziare ripulendo la maggior parte dei miti distruttivi e delle bugie legate alla dipendenza. Lascia che ti faccia una domanda: non hai sempre saputo che molte delle cose che ti hanno detto sulla dipendenza non erano vere? Non hai sempre saputo che dovevano esserci degli strumenti che potessero davvero funzionare, e che ci fosse un modo di approcciare il tuo comportamento dipendente o compulsivo capace di cambiare tutto e che ti avrebbe permesso di porvi fine in maniera permanente?

Hai ragione. Il tuo sapere è corretto. È per questo che sto scrivendo questo libro.

PARADIGMI

Tutti noi operiamo dai paradigmi nelle nostre vite. Un paradigma è una serie di deduzioni, concetti, valori e pratiche che costituiscono il punto di vista della realtà di ognuno di noi. Essi forgiano il modo nel quale una persona vede il mondo. Per esempio, tutte le religioni sono paradigmi. Il modello standard sul quale si basano i medici è un paradigma. La medicina occidentale è un paradigma. E, nella nostra società, c'è un paradigma tradizionale per il trattamento delle dipendenze.

La maggior parte di noi crede di avere una mentalità aperta, e spesso questo è vero, almeno fino a un certo punto. Abbiamo una mentalità aperta, vogliamo sapere la verità, e siamo disposti a guardare i fatti e considerare altri punti di vista. Ma, a volte, ci sono "posti" dove semplicemente non andremo. Ci sono idee o possibilità che non considereremo perché abbiamo creduto a un paradigma che non permette l'esistenza di quel concetto.

Nel mondo antico la gente pensava che la terra avesse la forma piatta o discoidale. Tutti credevano che il mondo fosse piatto. Pensavano: "Beh, certo che sono aperto a nuove idee, ma non mi sognerei mai di navigare intorno al mondo perché il mondo è piatto e tutti sanno che se varco il confine cadrò giù." Il paradigma dirigeva ciò che la persona poteva o non poteva credere, e ciò che poteva o non poteva scegliere.

Permettimi di dirti qualcosa di importante sui paradigmi (e questo si applica direttamente alle credenze convenzionali sul trattamento delle dipendenze e sul recupero): se il paradigma al quale credi non è basato su informazioni vere e funzionali, molto probabilmente non riuscirai ad avere successo. Vedo capitare questo in continuazione a persone intelligenti, straordinarie, bellissime che hanno dipendenze. Si considerano dei fallimenti perché il paradigma che usano per cercare di interrompere il loro comportamento compulsivo o dipendente è basato su credenze o su deduzioni che non sono accurate. Hanno accettato dei miti, delle idee e dei sistemi che sono fallaci, non validi e non veri, e quei miti e quelle bugie hanno impedito loro di avere un risultato soddisfacente o di avere successo, per quanto duramente ci provassero.

Riconoscere Quello Che Sai

Prima di andare avanti voglio spingerti a riconoscere quello che sai, perché questo "sapere" è un enorme componente nello sbloccarti dalla dipendenza. Questo libro non è fatto per darti delle risposte. Non ti dirà che devi "fare così" o "fare cosà". Lo scopo di questo libro è potenziarti, dandoti degli strumenti efficaci e delle informazioni accurate che puoi usare per fare scelte di vita diverse e cambiare qualsiasi comportamento desideri cambiare.

Ogni volta che ti presento qualsiasi informazione, mi piacerebbe che ti prendessi un attimo per vedere se ti risuona. Tu sai cosa "ti funziona" e cosa no. Tu sai ciò che è vero per te. Potresti rispondere a questa frase dicendo: "Aiuto! Non riesco a sapere cosa so. Ho cercato di farlo. Ma mi sbaglio sempre." Capisco che potrebbe sembrare così, ma non è del tutto accurato. Quello che ti impedisce di sapere sono tutti i miti, le bugie e la disinformazione che ti sei bevuto sulle dipendenze, su chi sei e chi non sei, su quello che sei o meno in grado di fare, e su quella che è e non è la tua relazione con la dipendenza.

Quindi, iniziamo a vedere alcune delle bugie sulle dipendenze che esistono a oggi.

Ma prima di farlo, mi piacerebbe che ti prendessi un momento e che scrivessi dalle quattro alle sei cose che ti hanno detto sulla dipendenza. Questo può aiutare a chiarire alcuni dei paradigmi ai quali hai creduto senza esserne nemmeno consapevole.

Bugia: Una Volta Dipendente, Sarai Sempre Dipendente

La prima bugia è: una volta dipendente, sarai sempre dipendente. Una volta che hai un disordine alimentare, avrai sempre un problema con il cibo. Una volta che hai un problema con l'alcol, una volta che hai un problema con una relazione violenta, una volta che hai una compulsione a salvare gli altri (o qualunque altra cosa sia per te), avrai sempre un problema con quella cosa. Questa è la prima bugia. Tu puoi andare oltre qualsiasi comportamento dipendente o compulsivo che sta attualmente limitando la tua vita. Puoi avere la vita che hai sempre saputo, sognato e sperato di poter avere. Ci vorrà del lavoro? Si, certo. E se il tuo obiettivo è andare oltre il tuo comportamento dipendente e compulsivo, a volte potrai essere a disagio.

Uno degli errori che molte persone fanno è giudicare il disagio come qualcosa di sbagliato o di cattivo. Va bene, se vuoi mantenere la vita che hai sempre avuto. Ma se vuoi qualcos'altro dovresti sapere che essere a disagio spesso è un segnale che indica che le cose devono cambiare o che stai rompendo i vecchi modelli e paradigmi. Il disagio è un'indicazione di nuove possibilità e può essere tuo amico, non qualcosa che cerchi di evitare.

Un'altra menzogna relativa al punto di vista "una volta dipendente, sarai sempre dipendente" è l'idea che dovresti identificarti con il tuo comportamento compulsivo o dipendente. Hai mai sentito persone dire cose del tipo: "Ciao, mi chiamo Sally e sono tossicodipendente", "Sono Bob e sono un fumatore" o "Mi chiamo Susan e sono alcolizzata"? Assumere il tuo comportamento dipendente come un'identità ti assicura che non lo supererai mai. Perché? Quando adotti l'identità dell'essere dipendente, devi assumere il tuo comportamento compulsivo o dipendente, perché è quello che sei. Per esempio se ti identifichi come alcolizzato devi bere, perché è quello che fai: sei qualcuno che beve alcol.

Per favore, smetti di identificarti con la tua dipendenza. Non dire mai: "Sono un …"; quello che potresti dire invece, fintanto che il comportamento compulsivo o dipendente ha un grande ruolo nella tua vita, è: "Attualmente sto scegliendo di comportarmi in questo modo." Ecco cos'è la tua dipendenza: è un comportamento. E stai scegliendo di assumerlo. Posso capire che in questo momento potrebbe sembrare che tu non abbia scelta. Per favore, sappi che sei in grado di cambiare anche questo.

Anch'io ero solita definirmi come dipendente. Solo dopo qualche tempo diventai consapevole del fatto che bere era semplicemente un comportamento che stavo scegliendo per scappare da cose delle quali non volevo essere consapevole. Mi ricordo una volta in cui ero a un incontro, e invece di dire "Ciao, mio chiamo Marilyn e sono un'alcolizzata", dissi: "Mi chiamo Marilyn, e sono stata dipendente dall'anti-consapevolezza e dall'inconsapevolezza, e ora sto facendo scelte diverse." Questo mi diede un enorme senso di libertà.

Ecco uno strumento che ti farà iniziare il tuo percorso nel vedere la tua dipendenza (o il tuo comportamento compulsivo) come un qualcosa che stai scegliendo di adottare, piuttosto che qualcosa che sei. È un grandissimo primo passo perché crea una distanza tra chi sei e cosa stai facendo.

Strumento: In Questo Momento Sto Scegliendo di Adottare Questo Comportamento

Ogni volta che ti trovi ad assumere quel comportamento che sai che ti sta limitando, non dirti: "Oh, eccoci di nuovo. Sono un _____" e nello spazio metti la parola che usi per descriverti come dipendente, che sia *fumatore, bevitore, drogato, giocatore d'az-zardo* o qualsiasi altra cosa.

Dì invece: "Okay, in questo momento sto scegliendo di comportarmi come uno che fuma, o beve (o qualsiasi altra cosa sia per te). Non ho ancora tutti gli strumenti e le informazioni dei quali ho bisogno per fare scelte diverse, ma so che a un certo punto cambierò tutto questo, se è ciò che desidero fare." E sarai in grado di farlo.

USO, ABUSO E DIPENDENZA

Puoi assumere qualsiasi sostanza o comportamento, facciamo l'esempio dell'alcol, e puoi usarle in questo modo: "Oh, sarebbe carino bersi un bicchiere di vino a cena." Lo stai scegliendo perché sei consapevole che sarebbe piacevole. Non hai necessità di berlo.

Oppure puoi *abusare* di una particolare sostanza o comportamento, ed è dove sei consapevole che stai scegliendo quella particolare cosa per affrontare una situazione che non vuoi gestire. Non è compulsivo. È: "Bleah, che giornataccia! La maestra di mio figlio mi ha chiamato perché è finito di nuovo nei guai a scuola. So che devo sedermi e parlare con lui, ma sai una cosa? Mi mangio due coppe di gelato per calmarmi perché non so come gestire tutto questo ora e ho bisogno di qualcosa che mi distragga." Una delle chiavi a questo genere di abuso è che stai usando la sostanza o il comportamento (il gelato in questo caso) in un modo diverso da come dovrebbe venire usato.

Poi esiste una forma di *abuso* che è una transizione tra abuso e dipendenza. Diciamo che hai delle difficoltà con tua suocera e devi andare a trovarla. Ti dici: "Non ho nessuna voglia di andare da mia suocera. Mi chiedo cos'altro potrei fare. Penso che mi fumerò una canna prima di andare." Lo fai e poi pensi: "Wow, mi ha aiutato un sacco." La prossima volta che dovrai far visita a tua suocera, o dovrai fare qualcosa che non vuoi gestire, ti ricorderai che fumarti una canna era stato d'aiuto e quindi lo rifai, e dopo un po' dirai automaticamente: "Penso che mi fumerò una canna prima."

Questo è un esempio di come possiamo creare la compulsività di una *dipendenza*. Iniziamo usando una sostanza o un comportamento (o potremmo dire abusarne) come modo per aiutarci a prenderci cura di qualcosa con la quale non vogliamo avere a che fare, e decidiamo che quella è la risposta per gestire quelle cose. E poi permettiamo che quella sostanza o quel comportamento prendano il sopravvento e che siano gli unici modi nei quali possiamo trovare sollievo su alcuni argomenti specifici. Piuttosto che fidarci di noi stessi nell'essere presenti in una situazione e fare tutto ciò che sia appropriato, ci permeiamo di una sostanza o di un comportamento che abbiano la capacità di fare per noi quello che abbiamo deciso non possiamo fare da soli.

Bugia: La Dipendenza Capita Solo a Poche Persone, Sporche e Povere

Un altro grande mito e bugia, che non vengono dette apertamente, riguardo la dipendenza è l'idea che essa capiti solo ad alcuni, alle persone sporche; sai, quelle che vivono sotto i ponti, o il drogato che ha "flippato". Non è nessuno che conosci, e non siamo certamente né io, né tu. Sono quei pochi derelitti là fuori.

Questa bugia rende la dipendenza talmente tabù, segreta e vergognosa che nessuno vuole vederla. E crea anche separazione tra te e quelle persone. È un universo "noi contro loro". Devi scegliere se appartenere a un gruppo o all'altro, e questo elimina la tua consapevolezza di cosa ti stia succedendo e cosa potrebbe essere possibile. Se mai iniziassi ad avere l'idea che potresti avere un problema con la dipendenza, respingeresti velocemente questo pensiero. Per esempio potresti dire a te stesso: "Mi sento compulsivo riguardo questo comportamento. Non so cosa fare." Ma non vuoi considerare neanche per un attimo che potresti essere una di quelle brutte, sporche persone dipendenti e quindi, immediatamente, elimini questo pensiero. E questo ti impedisce di fare qualsiasi cambiamento.

Bugia: Le Dipendenze Riguardano solo Poche Sostanze o Pochi Comportamenti

La maggior parte delle persone crede che le dipendenze siano limitate a cose come alcol, droga, sigarette, gioco d'azzardo e sesso. Queste sono le dipendenze ovvie. E se ti dicessi che la dipendenza può assumere forme che non hai mai pensato potesse prendere? Alcune di esse potrebbero essere il giudizio, l'essere critico, il bisogno di avere ragione, il rendersi sbagliati, supporre alcune cose, sentirsi inferiore, rendere i punti di vista delle altre persone più importanti dei tuoi, e dover avere una risposta per tutto. La dipendenza si può manifestare anche nelle relazioni. Si può mostrare nel cibo e con i disordini alimentari, con l'esercizio fisico, con il modo in cui spendi i soldi e con l'uso di Internet. Ciò che rende una particolare sostanza o un'attività una dipendenza non è il suo *target* (l'alcol, il tabacco, la droga o il comportamento), ma il modo in cui le usiamo.

Le dipendenze vengono intraprese da tantissime persone, di ogni estrazione sociale. Alcune dipendenze sono considerate cattive, terribili e sbagliate dalla maggior parte della società, mentre alcune sono considerate positive e addirittura ammirabili; se hai una dipendenza da lavoro, da perfezionismo, dall'essere giusto, dall'avere un bell'aspetto, o una dipendenza da fare molti soldi, potresti ricevere un sacco di supporto per tutto questo dalla nostra cultura. Questo supporto potrebbe farti sentire davvero bene. Ma ti incoraggio a farti due domande:

- Questo comportamento (questo perfezionismo, questo stacanovismo, o qualsiasi cosa esso sia) mi è di vero aiuto?

- Questo comportamento mi sta aiutando a creare il tipo di vita che mi piacerebbe davvero avere?

Potresti avere un comportamento dipendente o compulsivo che viene ben visto (o mal visto) dalla società. Potresti avere una delle più sottili forme di dipendenza. Vedi persone con queste dipendenze ogni giorno. Hai mai conosciuto qualcuno dipendente dal trauma e dal dramma? Non riescono a vivere la loro vita senza creare un trauma, un dramma oppure senza far parte di quello di qualcun altro. Cos'è che rende tutto questo una dipendenza? È assolutamente compulsivo. È qualcosa nel quale ricadono abitualmente. Diventa l'impostazione di default nella loro vita. Probabilmente hai un cugino, uno zio o un amico che ti devono giudicare. Sono dipendenti dal giudizio. Se non stanno giudicando, non sanno cosa fare. Le persone possono avere una dipendenza dalle difficoltà. Possono addirittura avere una dipendenza dall'essere malati o dall'essere una vittima.

Ora, perché una cultura dovrebbe incoraggiare o sostenere un qualsiasi comportamento dipendente o compulsivo? Perché ti rende controllabile e prevedibile. Tutti i comportamenti dipendenti eliminano il tuo potere di scegliere. In maniera consapevole o meno, rinunci all'essere il creatore della tua vita e diventi l'effetto di un menù limitato di scelte.

Bugia: Al Massimo Puoi Sperare di Controllare i Sintomi della Dipendenza

Un'altra bugia è che al massimo puoi sperare di controllare i sintomi della dipendenza. Questo e ciò che fanno i programmi tradizionali. Ti dicono che dovrai lavorare molto duro per il resto della tua vita per controllare i sintomi della tua dipendenza (perché tu sei un dipendente e lo sarai sempre). E se questa bugia fosse perpetrata perché le persone non hanno l'informazione necessaria per aiutarti a raggiungere la radice di ciò che realmente crea la dipendenza?

L'approccio di "La Giusta Riabilitazione Per Te" ha come primo obiettivo quello di aiutarti a raggiungere la radice di ciò che ha creato il tuo comportamento dipendente o compulsivo, cosicché tu possa ripulirlo permanentemente (non solo gestirne i sintomi). Per favore, non credere all'idea che il massimo a cui puoi puntare sia controllarne i sintomi.

Gestire i sintomi della dipendenza è come avere una macchina con una ruota sgonfia, e ti viene dato un sistema ripara-gomme che dura solo tre ore. Sei in un lungo viaggio e ogni tre ore ti devi fermare a sistemare la ruota. Sei sempre ossessionato dal pensiero "Sono passate due ore e quarantacinque minuti. Devo fermarmi e rigonfiare la ruota." Quando ti bevi la bugia che "al massimo puoi gestire i sintomi" passerai tutta la vita a gonfiare la ruota. Puoi fare molto più di questo!

Una delle non verità nate da questa credenza è l'idea che la riabilitazione significhi interrompere completamente il comportamento dipendente o compulsivo. L'approccio di "La Giusta Riabilitazione Per Te" non impone un obbiettivo pre-determinato alle persone. Io lavoro con i clienti per creare un obbiettivo che vada bene per loro, un obbiettivo che loro scelgono. Questa è la nostra misura di successo. Per molte persone "successo" potrebbe significare non assumere mai più quello che è stato il comportamento dipendente o compulsivo, ma per altri potrebbe significare essere in grado di farsi qualche bicchiere o fumare una sigaretta di tanto in tanto.

RISULTATI DEI PROGRAMMI DI RECUPERO TRADIZIONALI

L'approccio tradizionale per gestire la dipendenza viene spesso promosso dai dottori, dai terapeuti, dai *counselor* e dal sistema giuridico. Ti sei mai chiesto quanto sia efficace tale approccio?

Ho scoperto che per molte persone spesso non ha successo. Se sei interessato a dare un'occhiata alla percentuale dei successi dei programmi di recupero tradizionali ti esorto a fare una ricerca su Internet. Google è un buon mezzo. Quello che ho scoperto è che la percentuale varia dal cinque al dodici, tredici per cento. E ciò che viene raramente considerato o ricercato è il numero di persone che scelgono di rinunciare alla dipendenza in un modo non tradizionale.

Se fossi malato, accetteresti incondizionatamente il trattamento di un dottore o di un programma che ha una percentuale di successo che va dal cinque al tredici per cento?

Bugia: Sei Debole, Egoista, Disonesto, Immorale, Peccaminoso, Malvagio, Criminale e Amorale Perché Hai Questa Dipendenza

In altre parole, se hai una dipendenza che non sia socialmente accettata, sei molto, molto sbagliato. Il modello di trattamento delle dipendenze più popolare ti chiede di giudicarti su base quotidiana per vedere se il tuo comportamento è stato egoista, individualista, disonesto o basato sulla paura. Ti viene continuamente chiesto di vedere dove sei stato sbagliato.

Ho scoperto che molte persone con comportamenti compulsivi o dipendenti sono ben lontane dall'essere egoiste. Sono alcune delle persone più gentili e amorevoli che abbia mai incontrato. Molte di queste persone preferirebbero prendere loro stesse il veleno della vita piuttosto che farlo vivere a qualcun altro. E questo potrebbe essere vero anche per te. Se lo è, per favore, riconosci questa verità. Non berti la bugia che sei sbagliato, cattivo e debole, e che hai fatto cose terribili alle persone intorno a te. Tutti quelli che stanno intorno al "dipendente" giocano una parte in qualsiasi dramma della dipendenza, e anche loro hanno scelta.

Anni fa lavoravo come psicoterapeuta in un ospedale psichiatrico. Uno dei concetti che adottavamo con i pazienti era il principio "paziente identificato". Le persone entravano in ospedale e ci veniva detto che soffrivano di depressione, o che erano alcolizzati, o che avevano questa o quella condizione. La famiglia del paziente diceva: "Oh sì, Johnny ha questo problema. È stato una preoccupazione e un dolore per tutti noi. Ci ha causato così tanti problemi".

Noi pensavamo sempre: "Hm, ok, Johnny è il paziente identificato. Mi chiedo cosa stia davvero succedendo qui. Mi chiedo chi davvero abbia il problema?" E, dal momento che lavoravamo con la famiglia, spesso scoprivamo che mentre tutti rendevano Johnny quello sbagliato e gli puntavano il dito contro, il problema in realtà non era lui. Quando ci addentravamo nella dinamica familiare scoprivamo che il comportamento dipendente di Johnny manteneva in piedi il sistema familiare. Se Johnny avesse smesso di essere quello sbagliato, quello cattivo, indovina un po'? Tutti gli altri avrebbero dovuto guardare al *proprio* comportamento e, nella maggior parte delle famiglie con cui lavoravamo, non c'era nessuno disposto a farlo. Ecco perché ognuno creava il proprio Johnny come paziente identificato.

Una volta lavorai con una giovane donna la cui famiglia decise che aveva un problema con l'alcol e la vedevano debole, egoista e immorale a causa della sua dipendenza. Dopo che lavorammo assieme per un po', lei svelò di essere stata abusata sessualmente per molto tempo da uno zio che era molto vicino alla famiglia. Io mi resi conto che la famiglia era consapevole in un certo qual modo di questo abuso, ma nessuno voleva portarlo allo scoperto. Nessuno voleva affrontare il fatto che lo zio avesse fatto delle *avances* (e continuava a farle) a questa giovane donna. Quindi, invece di gestire la situazione, risolsero la cosa facendo passare per problematica la mia paziente a causa del suo bere. Una volta che la cliente cominciò a renersi conto della verità, fummo in grado di iniziare a cambiare le cose e alla fine è stata capace di smettere di bere, raggiungendo così il suo obbiettivo.

Molte persone scoprono che la loro dipendenza ha permesso loro di sopravvivere a situazioni abusive, finché non sono riusciti a ottenere qualche aiuto. Recentemente ho lavorato con una donna che veniva da un passato molto violento. Si stava giudicando aspramente perché mangiava enormi quantità di cibo ogni notte. Quando le chiesi quale contributo era stato il cibo per lei, mi rispose immediatamente: mangiare era una cosa terribile, cattiva, orribile e l'aveva fatta diventare grassa e non attraente.

Le chiesi: "se non avessi mangiato tutto quel cibo, se non avessi abusato del cibo, come sarebbe stata la tua vita oggi?" scoppiò in lacrime e mi disse: "se non avessi avuto il cibo ad aiutarmi a gestire l'abuso, probabilmente mi sarei già suicidata." Una volta che fu in grado di vedere che il suo "mangiare troppo" era stato il modo migliore che aveva all'epoca per superare l'abuso, iniziò a fare dei cambiamenti che la portarono a una relazione diversa con il cibo e con il suo corpo.

Lavorai con un'altra persona che mi disse che l'uso di droga l'aveva aiutato a non uccidersi o a non uccidere qualcun altro, fin quando non si trovò in un ambiente in cui poteva ottenere aiuto. Quindi, per favore, non giudicare il tuo comportamento dipendente. Piuttosto potresti porti queste domande: "Il mio comportamento dipendente è stato il miglior meccanismo di difesa che ho avuto finora? Sono pronto ora a fare qualche vero cambiamento?"

Una delle cose più disgraziate e distruttive riguardo la bugia che sei sbagliato, cattivo e debole, è che essa rappresenta una parte di dipendenza primaria che hai sviluppato molto, molto tempo addietro. Ciò che sto dicendo è che il *target* attuale della tua dipendenza è stato preceduto da una dipendenza primaria: la dipendenza dal giudicare te stesso, dall'essere sbagliato e dal sentirti sopraffatto per aver visto la follia di questa realtà. Sei legato al *target* attuale della tua dipendenza dal dolore di credere che sei sbagliato e che devi giudicare te stesso.

La dipendenza primaria di giudicare te stesso e di sentirti sbagliato viene ampiamente discussa nel capitolo tre. L'ho menzionata qui perché la bugia di essere debole, egoista, disonesto (o qualsiasi altro sia il giudizio) contribuisce alla difficoltà continua di interrompere qualunque comportamento dipendente o compulsivo.

Bugia: Tutte le Persone Presenti nella Tua Vita Vogliono Davvero che Tu Ponga Fine al Tuo Comportamento Dipendente o Compulsivo

Una delle più grandi bugie che esiste è che tutte le persone presenti nella tua vita desiderano che tu ponga fine al tuo comportamento dipendente o compulsivo. La verità è che la maggior parte di loro non vuole. Non vogliono perché sono abituati all'idea che tu sia quello "inferiore". Sono avvezzi al fatto che tu sia quello "meno di...", e anche se tu stai nascondendo il tuo comportamento dipendente, captano che ti stai giudicando sbagliato. Alcuni in realtà sono contenti che tu abbia una dipendenza, anche se molto volte in maniera inconscia. Sembra crudele e non dico che debba essere necessariamente così: ma è semplicemente qualcosa che ho visto più e più volte. Se vieni identificato come colui che ha il problema, allora le persone attorno a te non devono esaminare il loro comportamento.

C'è un altro concetto che veniva usato nell'ospedale psichiatrico dove lavoravo. Veniva chiamato "ritorno", e spesso lo vedo attuarsi quando lavoro con le persone che hanno delle dipendenze.

Quando la persona inizia ad allontanarsi dal suo comportamento dipendente o compulsivo e fa la scelta di mostrarsi come veramente è, la famiglia o il partner iniziano a reagire in strani modi. Potrebbero aver detto per decenni "Vogliamo solo che Mary stia meglio". E poi, nel momento in cui Mary inizia ad allontanarsi dal suo comportamento dipendente e non può più essere classificata come quella sbagliata o cattiva, quella che tutti devono denigrare, aiutare o quella con cui si deve passare del tempo e sprecare energia, la famiglia trova dei modi sottili (o evidenti) per incoraggiare Mary a tornare al suo comportamento dipendente o compulsivo. Perché? Perché non vogliono che cambi davvero.

Io stessa ne ho fatto esperienza. Il mio primo marito spesso esprimeva preoccupazione per il fatto che bevessi troppo. Spesso mi diceva che avevo bisogno di essere aiutata e spiegava in che modo il mio comportamento stesse influenzando negativamente il nostro matrimonio. Dopo un po' iniziai a credergli e cominciai a sforzarmi di bere di meno. Notai due cose: la prima è che stavo avendo moderatamente successo nel bere meno, sebbene non tanto quanto sperassi; la seconda è che meno bevevo e più mi diceva cose del tipo: "vedo che sei molto stressata. (lavoravo nel suo ufficio). Perché ora non vai a casa e ti apri una bottiglia di champagne?" tutto questo mi confondeva molto! Mi ci volle un po' per capire che in realtà aveva bisogno che io fossi dipendente dall'alcol. In qualche modo era consapevole che una volta che avrei avuto accesso di più a me stessa, una volta che avrei visto ciò di cui ero capace, non sarei più stata soddisfatta della nostra piccola vita e della mia posizione "inferiore". E aveva ragione!

Se hai una o due persone nella tua vita che davvero desiderano potenziarti (ed è così che dovrebbe essere) considerati fortunato e ricevi da loro. E sappi che potrebbero esserci persone che sembrano tenere a te, e che dicono che sarebbero contente se tu interrompessi il tuo comportamento dipendente o compulsivo, e invece preferirebbero che tu non mandassi tutto all'aria.

Porto alla luce questa bugia, non come una situazione deprimente, ma come qualcosa di cui essere consapevole. Quando accedi all'essere di più te potresti mettere a disagio le persone che ti stanno vicino. Tutto è interconnesso, quindi quando una parte del sistema cambia (ovvero tu), l'altra parte deve cambiare e adeguarsi (loro). Potrebbero non desiderarlo e potrebbero dirti (verbalmente o energeticamente): "Aspetta un attimo. Sei appena uscito fuori dalla tua scatola. Quando sei in quella scatola, so chi sei. Posso controllarti. Sei prevedibile. Non mi devo preoccupare che tu ti possa mostrare come qualcun altro."

Sei davvero disposto a rimanere nella tua scatola? O ti piacerebbe qualcosa di molto più grandioso per la tua vita? Io penso che non staresti leggendo questo libro se non desiderassi davvero avere qualcosa di più grande.

Bugia: Sei Impotente dinanzi alla Tua Dipendenza

Questa bugia è venuta fuori a causa dell'esperienza che molte persone hanno avuto cercando di non adottare il loro comportamento dipendente di scelta: non bere, non fumare una sigaretta o non stare insieme a un uomo o a una donna violenti. Superficialmente sembra avere senso, ma consideriamo la cosa da un punto di vista diverso.

Se sto davanti a un muro di mattoni e voglio davvero superarlo ma non ho strumenti, mi sentirò impotente. Penserò: "Non riesco ad andare oltre questo muro di mattoni! Aiuto! Non c'è modo di farlo!"

Ora, supponi che qualcuno arrivi e mi offra alcune informazioni, tipo: "Hey Marilyn: e se fai un passo indietro cosa vedi?"

Indietreggiando vedrei che il muro è lungo solo un metro e mezzo e che posso aggirarlo, o vedo che, dal momento che è alto due metri, qualcuno mi ha dato una scala e posso scavalcarlo. Non sono per niente impotente; semplicemente non avevo una vera prospettiva della situazione o degli strumenti con cui gestirla.

Lo stesso succede con il comportamento compulsivo o dipendente. Può sembrare che tu sia impotente al momento, ma appena cambi prospettiva e inizi a usare gli strumenti e le informazioni presenti in questo libro, scoprirai che il comportamento dipendente non è ciò che pensavi che fosse, né è così tremendo come ti è stato fatto credere.

La grande difficoltà nel credere alla bugia che sei impotente di fronte alla tua dipendenza è che ti metti nella posizione di essere l'effetto nella tua vita, anziché il creatore della tua vita. Ti spoglia del tuo potere. Questa bugia ti mette nella posizione di aver bisogno di un esperto, di un dogma, di una risposta o di un programma che ti viene imposto affinché tu abbia un modo per gestire il tuo comportamento compulsivo o dipendente.

Potresti farti queste domande:

- Se mi sono bevuto la bugia che sono impotente di fronte al mio comportamento compulsivo o dipendente, in quale altro campo posso essermi bevuto la bugia dell'impotenza?
- Sono davvero impotente o mi mancano solo alcune informazioni e strumenti buoni e funzionanti?

Ti sei spesso trovato a cercare il prossimo programma, libro o esperto "giusto" che potrebbe avere la risposta a tutte le cose che riguardano te e la tua vita, rispetto alle quali hai deciso di essere impotente e incapace di cambiare? Come sarebbe se potessi scegliere da una gamma di strumenti e informazioni che ti permetterebbero di cambiare qualsiasi parte della tua vita che desideri cambiare? E se potessi personalizzare il materiale che ti serve, invece di berti completamente il dogma di qualcun altro? Per favore, sii molto attento ogni volta che decidi di essere impotente di fronte a qualcosa. Se ti ritrovi a farlo, chiediti le domande di sopra citate.

L'idea che sei impotente di fronte alla tua dipendenza, ci porta alla prossima bugia.

Bugia: Solo Qualcuno o Qualcosa di Esterno a Te Possono Porre Fine alla Tua Dipendenza

Perché tendiamo a cercare al di fuori di noi stessi le risposte? Beh, non ci è stato insegnato così per tutta la vita? Dobbiamo fare quello che dicono mamma e papà perché loro "ne sanno di più". Dobbiamo credere a tutto ciò che i nostri insegnanti, dottori, politici, esponenti religiosi e anziani ci dicono perché loro sono gli esperti e noi non possiamo saperne più di loro. Questo è l'inizio della bugia del dipendere da qualcuno o da qualcosa di esterno a te per porre fine alla dipendenza. La verità non è che tu non hai potere: è che nessuno ti ha mai aiutato a svilupparlo.

Ecco come funziona: se credi a una bugia e cerchi di renderla vera, non solo sei destinato a fallire, ma crei anche ansia nella tua vita perché una parte di te sa, da qualche parte, che è una bugia. È come non trovare le chiavi, ma tu in qualche modo sai che sono dentro casa, ma gli esperti ti dicono che le persone perdono le chiavi solo fuori di casa. Quindi cosa fai? Passi tutto il tempo a cercarle nel giardino, anche se sai di averle lasciate da qualche parte in casa.

Non hai sempre saputo, anche se sentivi di non poterti fidare del tuo sapere, che eri tu quello con le risposte di cui avevi bisogno? Riguardo a te stesso sai molto più di quanto chiunque altro al mondo possa sapere. E come sarebbe se ti iniziassi a fidare del tuo sapere ora?

Potresti dire: "Non posso fidarmi del mio sapere. Ho avuto torto per tutta la mia vita." In realtà c'è stato un momento in cui hai permesso a te stesso di sapere ciò che sapevi. Quando eri un neonato, sapevi ciò di cui avevi bisogno. Piangevi quando volevi cibo, quando volevi essere preso in braccio o quando avevi bisogno che il tuo pannolino venisse cambiato. La difficoltà è che man mano che crescevi, non sei stato compreso. I tuoi bisogni venivano sminuiti o ti veniva fatto credere che il tuo sapere era sbagliato, e così hai deciso che non potevi sapere ciò che sapevi. Puoi riacquisire questa capacità. Potrebbe volerci un po' di pratica, ma una volta che inizierai a fidarti di te stesso nel sapere ciò che sai, ti troverai più a tuo agio con quella consapevolezza.

Bugia: La Dipendenza È una Malattia

Diamo un'occhiata a un'altra bugia sulla dipendenza; la bugia che la dipendenza sia una malattia. La dipendenza è una malattia come il cancro o la malaria?

La frase che la dipendenza è una malattia ti è sempre suonata stramba? La prima volta che l'ho sentita mi sono chiesta perché tutti giungevano a questa conclusione. Poi mi sono resa conto che molta della cultura medica e delle terapie investe nel dare l'idea che la dipendenza sia una malattia. In realtà in America, la maggior parte dei trattamenti contro le dipendenze sono finanziati dallo Stato, dai governi pubblici e dalle compagnie assicurative pubbliche o private, per cifre che si aggirano intorno a miliardi di dollari l'anno. Se la dipendenza non fosse considerata una malattia, questi gruppi non pagherebbero per programmi di trattamento contro le droghe, programmi di recupero per i pazienti esterni o degenze ospedaliere. La dipendenza deve essere una malattia cosicché le persone coinvolte possano fare tonnellate di soldi. Non sto cercando di rendere sbagliate queste persone; potrebbero essere persone di buon cuore, individui amorevoli che hanno bisogno di vivere. Quindi, consciamente o inconsciamente seguono l'idea che la dipendenza sia una malattia.

Ma essa non è una malattia. Non sei malato. La dipendenza è un modello trincerato di evasioni e/o fughe da una vita che sembra essere troppo sopraffacente, confusa e dolorosa. È un posto dove le persone vanno per non esistere, per non sperimentare il dolore dell'auto-giudizio e per evitare il senso di sentirsi intrinsecamente sbagliati.

Se vedi in questo modo la dipendenza capirai che hai la libertà per cambiarla. Sarai in grado di capire come hai creato la tua dipendenza fin dal principio, e capirai come sei finito in questa situazione sconcertante e apparentemente senza scelta.

Una delle cose che mi irrita riguardo il vedere la dipendenza come una malattia, è che mette ogni dipendente in una posizione di vittima perché, in accordo con la nostra cultura, se hai una malattia non puoi fare quasi nulla. È qualcosa che semplicemente ti succede. Devi consultare un esperto (il dottore) che ti "curerà". Di base, il modello della malattia sta dicendo: "tu non sai cosa stai facendo. Sei arrivato da noi, gli esperti, e ti daremo la risposta."

L'unico esperto di tutto questo sei tu. Tu sei l'esperto di te stesso. Significa che non ascolterai più nessuno? No. Potrebbero mancarti delle informazioni. Per esempio, quando ho dei problemi con un computer, vado da un esperto di computer. Perché? Non perché abbia bisogno di qualcuno che guidi la mia vita, ma perché un esperto di computer ha delle informazioni e può mostrarmi degli strumenti che mi aiuteranno a far funzionare il computer. Cerco qualcuno che non stia tentando di spadroneggiarmi o dimostrarmi quanto sia sbagliata. Cerco qualcuno che mi dica: "ehi, ho un sacco di informazioni e di strumenti in quest'ambito. Lascia che ti mostri che cos'ho, cosicché tu possa usare quello che funzionerà per te.

Ecco perché ho scritto *La Giusta Riabilitazione Per Te*. Mi piacerebbe vederti potenziato, in modo che tu possa cambiare qualsiasi cosa ti piacerebbe cambiare nella tua vita, incluso qualunque comportamento dipendente o compulsivo che ti sta bloccando, limitando o prevenendo dall'essere il vero dono che sei.

Cosa Puoi Fare Quando Ti Senti Tentato ad Assumere il Tuo Comportamento Dipendente o Compulsivo

Fai una Pausa e Fatti Qualche Domanda

Quando ti trovi a desiderare ardentemente di assumere il tuo comportamento dipendente o compulsivo, ecco alcune domande che puoi farti. È utile mettere per iscritto le tue risposte.

- Quale evento si è verificato un attimo prima che il desiderio di assumere il mio comportamento dipendente o compulsivo comparisse?
- Qual è stata la mia reazione a quell'evento? (Esempio: Mio marito/mia moglie mi ha dato dell'idiota e mi sono sentito/a sbagliato/a.)
- Che pensieri avevo?
- Che sensazioni avevo?

- Di che cosa ero consapevole, e non volevo esserne consapevole? (Esempio: Stavo tornando nel mio vecchio schema. Stavo rendendo l'opinione di mia moglie/mio marito nei miei confronti più importante di quanto so essere vero per me.)
- Quali azioni avrei potuto intraprendere che avrebbero interrotto questo schema?

Quando fai una pausa e scrivi le tue risposte stai interrompendo un comportamento ed è questo lo scopo di questi strumenti iniziali.

Rimanda il Comportamento

Un'altra cosa che puoi fare per interrompere il comportamento è rimandarlo, anche per soli venti minuti. Dì a te stesso: "Mi do il permesso di assumere il mio comportamento dipendente o compulsivo, ma prima mi prendo una pausa di venti minuti. Se dopo venti minuti desidero ancora farlo, lo farò".

Se scegli di assumere il tuo comportamento dopo venti minuti, fatti il regalo di non giudicarti.

Quando rimandi il tuo comportamento per venti o più minuti, vedrai che hai davvero scelta. Puoi scegliere se assumerlo o no. Inizialmente potresti sentire che non hai scelta totale, ma mi piacerebbe che capissi che ne hai, altrimenti non saresti in grado di posticiparla.

Fatti Altre Domande

Siediti e dì a te stesso: "Okay, tra venti minuti potrò assumere il mio comportamento. Prima di farlo, mi farò qualche domanda e scriverò le risposte."

- Cosa ho deciso che succederà se questa volta non assumo il mio comportamento?
- Ho reso le conseguenze del non assumere il mio comportamento più grandi o più potenti di me?
- Su una scala da 1 a 10, quanto è stressante l'idea di non assumere il mio comportamento?
- Potrei tollerare le conseguenze di non assumere il mio comportamento con più facilità di quanto pensi?
- Quale consapevolezza sto cercando di evitare qui, assumendo il comportamento dipendente o compulsivo?
- Come sarebbe se fossi disposto ad avere quella consapevolezza?
- Se non avessi un passato con questo comportamento, come mi rapporterei a esso?
- Quanto di quello che sto facendo con il mio comportamento dipendente o compulsivo riguarda il passato e tutto ciò che ho deciso essere (o non essere) il passato?

Il passato non deve dettare come dev'essere la tua vita oggi. Puoi scegliere qualcosa di diverso.

Se Scegli di Assumere il Tuo Comportamento Compulsivo o Dipendente, Fallo con Consapevolezza

Permettiti di diventare consapevole di ogni tiro di sigaretta, ogni pezzo di torta o di ogni goccia di alcol. Chiediti: "Ok, ho fatto un tiro, ne ho mangiato un pezzo, ho bevuto un goccio. Ne desidero davvero ancora?" Diventare consapevole del comportamento che stai scegliendo di assumere crea uno spazio dove il comportamento diventa meno compulsivo per te.

Queste domande ed esercizi sono semplici suggerimenti. Scegli quelli che funzionano per te. Ti aiuteranno a diventare più conscio e consapevole di quello che sta succedendo riguardo il tuo comportamento dipendente.

Per favore, ricorda di scrivere le tue risposte alle domande. Avrai un sacco di straordinarie informazioni ogni volta che lo farai. E inizierai a capire che hai scelta e che puoi separarti (almeno in qualche misura in questo punto della riabilitazione) dal tuo comportamento compulsivo o dipendente, il che ti permetterà di vederlo da una prospettiva diversa.

CAPITOLO DUE

L'Antidoto alla Dipendenza

*Più accedi a te stesso, più fai un passo verso l'essere chi in realtà sei,
e meno i comportamenti dipendenti o compulsivi potranno esistere.*

Una dipendenza è come un veleno per il tuo essere, in quanto ogni volta che la assumi, essa diminuisce o nega la tua capacità di essere presente, spontaneo, gioioso e produttivo; in altre parole, diminuisce o nega la tua capacità di essere chi in realtà sei.

Molte persone si sono bevute l'idea che l'antidoto alla dipendenza sia cercare al di fuori di sé una sorte di rimedio, di risposta oppure un programma che si adegui a tutti. O potrebbero credere che riguardi il combattere la dipendenza, giudicandosi sbagliati per averla assunta, oppure cercando di controllare il proprio comportamento. Ma non mi riferisco a questo. L'antidoto alla dipendenza è più importante e potente di tutte queste cose. Riguarda il reclamare tutte le parti di te che hai rinnegato, abbandonato o represso. Tu, essendo te stesso, sei il vero antidoto alla dipendenza. Questo non significa che all'inizio non avrai bisogno di assistenza durante la riabilitazione, la riscoperta e la ricreazione di te stesso. Significa che, alla fine, puoi avere ed essere tutto ciò che è richiesto per arrivare ad avere scelta con il tuo comportamento dipendente o compulsivo.

Facciamo un esempio, usando il tuo corpo. Diciamo che hai avuto un qualche incidente, e che ti sei rotto entrambe le braccia e le gambe. E aggiungiamo che, per qualche strana ragione, te le sei rotte di proposito, forse perché la cosa ti rendeva meno potente e potevi adeguarti meglio. Se hai creato questa situazione, avrai bisogno di aiuto per un po'. Ma a un certo punto non avrai più bisogno di aiuto perché sarai guarito e avrai ripristinato il tuo potere. E dirai all'aiuto: "Ciao ciao, non mi servi più, sayonara, ci si vede" e tornerai a essere il capitano della tua nave.

Se, d'altro canto, hai deciso che eri così sbagliato e debole che dovrai vivere il resto della tua vita con le gambe e le braccia rotte, avrai bisogno di un aiuto esterno per sempre. Non ripristinerai mai il potere e la potenza che davvero sei, perché ti sei bevuto la bugia che le gambe e le braccia rotte (e tutti gli altri modi in cui ti sei invalidato) siano permanenti. Richiederai sempre un senso esterno di potere. Potresti addirittura decidere che è così che le cose debbano andare.

Questo esempio ha un'enorme implicazione per la dipendenza, perché la verità è che ti sei disabilitato. Se hai un comportamento compulsivo o dipendente, ti sei disabilitato negando diversi tuoi talenti e abilità, diminuendo il potere che hai, o eliminando le parti di te che erano ritenute inaccettabili dai tuoi genitori, dai membri della tua famiglia, dagli insegnanti e dalle altre figure autoritarie presenti nella tua vita.

Tutti noi siamo nati con caratteri, talenti e abilità diversi, ma se la tua famiglia e le persone intorno a te non hanno dato valore a queste qualità potresti aver sentito di doverle eliminare, per poter essere accettato. Forse eri curioso e intelligente e facevi molte domande, ma la tua famiglia non dava valore all'essere intelligente. Le tue domande mettevano a disagio le persone; quindi hai spento questa parte di te.

Forse eri atletico o molto attivo. Potevi fare sei o sette cose assieme, e ti piaceva farlo, ma le persone ti hanno detto che avevi troppa energia e che ti dovevi calmare e controllare. O forse eri artistico e anticonvenzionale, e non dovevi essere così per stare nella tua famiglia. Ci si aspettava che ti sistemassi, che trovassi un lavoro ben pagato o che continuassi l'attività di famiglia; quindi hai messo da parte le tue abilità o le tue meravigliose, folli idee, e te ne sei dimenticato.

O potresti essere stato sensibile e consapevole, e ti è stato detto: "Sei troppo sensibile." Raccoglievi telepaticamente cose di cui nessuno voleva parlare. Dicevi: "Mamma, zio Billy è strano", e ti rispondevano: "Fa parte della nostra famiglia. Non ti permetto di dire cose così." O forse qualcuno era cattivo con te, ma se dicevi qualcosa ti dicevano: "Sei un piagnucolone." Ti sei fatto l'idea che nessuno avrebbe voluto ascoltarti; quindi hai smesso di parlare.

Molti bambini avvertono il bisogno di diminuire se stessi perché è stato detto loro di avere la responsabilità di pensare prima agli altri. Una volta parlai con un amico e mi disse che da piccolo la prima cosa che faceva quando si svegliava al mattino era immaginare ciò di cui mamma, papà, nonna e maestra avessero bisogno. Si metteva così tanto all'ultimo posto della lista che raramente sapeva ciò di cui lui aveva bisogno. Era così anche per te? Ci si aspettava che tu mettessi i bisogni di chiunque altro di fronte ai tuoi? Questo è stato un altro modo di diminuire te stesso, perché nessuno riconosceva che avessi il diritto di avere i tuoi bisogni e desideri. E forse, avendo imparato a non esprimere i tuoi desideri, potresti non avere un'idea di quali essi siano per davvero; a tal punto che è più facile per te capire quello che chiunque altro desidera piuttosto che essere consapevole di ciò che desideri tu.

Il Processo di Diminuire Te Stesso

Se hai avuto esperienze del genere, potresti aver concluso che ciò che sei non è accettabile e potresti aver rinchiuso la tua bellissima esuberanza e gioia, la tua intelligenza, i tuoi talenti, i tuoi interessi e le tue inclinazioni. Io lo chiamo: "il processo di eliminare le parti e i pezzi di te". Ed esso inizia molto presto nelle nostre vite.

Capisci ora come l'eliminare le tue abilità innate, i tuoi interessi e ignorare i tuoi bisogni ti rende la persona con le braccia e le gambe rotte? Con l'eccezione che, in questo caso, potresti addirittura non sapere che quelle tue parti sono svanite. Potresti averne un vago ricordo, ma non ti renderesti conto che stai operando solo al 10-20% di chi sei in realtà. La cosa straordinaria, potrei scommetterci, è che forse funzioni bene con quel 10-20%. Immagina per un momento quanto potresti funzionare bene se operassi al 50% di te stesso... E al 65%? Saresti disposto ad avere tutto questo? Saresti disposto ad avere il 100% di te? Più accedi a chi sei realmente e più la dipendenza diventa una questione irrilevante.

Tu sei l'antidoto alla dipendenza perché, quando sei disposto ad avere tutto di te stesso, non devi combatterla: essa semplicemente sfuma via. Non c'è più ragione per averla. Come disse un mio cliente: "sai Marylin, non ho pensato alla droga per settimane. Mi sto divertendo così tanto con il fatto di essermi ritrovato, che semplicemente me ne sono dimenticato."

Questo è ciò che mi piacerebbe per te. Mi piacerebbe che tu ti riabilitassi e ti sentissi così potente nel tuo Essere da dimenticarti del tuo comportamento dipendente o compulsivo. Mi piacerebbe che sapessi che semplicemente essendo te stesso, la tua dipendenza può diventare irrilevante. Non ci sarà più alcuna ragione per parlare di essa, non quando sei presente, non quando sei disposto a essere consapevole, non quando stai vivendo la vita che desideri, invece della vita che ti è stata detta fosse l'unica appropriata per te.

"Questo Semplicemente Non Sembra Possibile"

A questo punto potresti dire: "Questo semplicemente non sembra possibile", o potresti pensare: "Marilyn, hai parlato di paradigmi, di programmi di cura tradizionali, di me che divento sempre di più me stesso e che so ciò che so. Va bene, ma come la mettiamo con la mia dipendenza? Mi sento impanicato, come se dovessi combatterla a testa alta, altrimenti nulla cambierà mai per me."

Ho sentito questo da molti clienti. Vorrei chiederti di dare un'occhiata a ciò che succede quando ti focalizzi fortemente su qualcosa e inizi a combatterlo. Mettiamo che ti faccia male un dente. Continui a toccarlo con la lingua, e ogni volta che lo fai, pensi: "Ah, fa male!" Più ti concentri sul tuo dente, più duole. Lo stesso succede con il tuo comportamento dipendente o compulsivo. Più ti focalizzi su di esso con una carica energetica, e più sembra diventare potente.

Hai mai notato cosa succede quando tuo figlio, il tuo partner o un tuo collega inizia a bisticciare con te e tu gli dai corda? Se sei come ero solita essere io, potresti pensare che facendolo si giungerà a qualcosa di positivo, ma in verità si rafforzerà solo la relazione negativa tra voi due e il problema rimarrà irrisolto. La stessa cosa succede quando combatti la tua dipendenza. Se ci fai la lotta, tutto ciò che raggiungi è un duro giudizio su te stesso e il rafforzare le corde che ti legano a essa; che a loro volta si trasformano in ulteriore dolore per essere sbagliato e un ulteriore desiderio di rifugiarsi nella dipendenza.

Cambiare l'Energia Che Sei

Io suggerisco un approccio che non riguarda concentrarsi sulla dipendenza o combatterla. Nel momento in cui inizi a diventare di più te stesso cambi l'energia che sei. E facendo così (cambiando l'energia che sei), ti permetti di allontanarti dal tuo comportamento dipendente o compulsivo, perché la dipendenza può esistere solo con un'energia che è vibrazionalmente compatibile a essa. Lascia che chiarisca il concetto attraverso un piccolo esercizio.

Proprio ora, immagina di assumere il tuo comportamento dipendente o compulsivo. Immergiti davvero in quella sensazione. Riesci a percepire il senso della sua energia? Trattienila per un momento e poi immagina una situazione che è neutrale, tipo guardare la tv, fare colazione o salire in macchina. Percepisci questa energia.

Ora, ricorda un momento in cui eri gioioso e felice di essere vivo. Percepisci questa energia. Immergiti davvero in quest'energia e stai lì per alcuni momenti. Ti senti alleggerito? È apparso un sorriso sul tuo volto? Riesci a sentire il tuo corpo che si rilassa? Questa è l'energia che ti permette di uscire dal tuo comportamento dipendente e creare nuove possibilità. Ciò che mi piacerebbe che capissi è che puoi fare la scelta di cambiare l'energia che stai essendo e che, grazie a questa scelta, puoi cambiare la relazione con il tuo comportamento dipendente o compulsivo. Scegliere di cambiare l'energia è una componente enorme per porre fine alla dipendenza. Cambia la tua energia e la dipendenza non potrà più esistere.

Cambiare l'Energia Densa e Contratta della Dipendenza

Quando le persone cercano di cambiare un comportamento dipendente o compulsivo, a volte pensano di dover fare un'esperienza intensa per effettuare il cambiamento. Sono alla ricerca di qualcosa che corrisponda alla densità e all'intensità della loro dipendenza. Per esempio, conosco persone che hanno detto cose tipo: "Sono stata da un bodyworker (chi opera in maniera olistica sui corpi; n.d.t.) e mi ha fatto qualcosa di molto intenso. So che questo mi aiuterà con la mia dipendenza."

Ciò che noto è che il bodyworker ha corrisposto l'intensità e la densità del comportamento dipendente della persona; non ha facilitato il cliente per cambiare la sua energia. Quel trattamento non avrà alcun risultato per il cliente perché non era rivolto all'energia dello stesso. In qualche modo questa sorta di esperienza mantiene il comportamento dipendente ancora più radicato. Faccio un esempio per spiegarmi meglio: se hai una dipendenza da trauma-dramma, continuerai a creare il trauma-dramma nella tua vita. Potresti essere una di quelle persone che chiede: "Ma perché mi capitano sempre cose negative?" Beh, se sei l'energia del trauma-dramma, creerai ulteriore trauma-dramma. Devi diventare un'energia diversa, un'energia di facilità per cambiare la situazione. Se fai dei trattamenti energetici intensi (e forse dolorosi) per aiutarti a porre fine alla tua dipendenza dal trauma-dramma, potresti pensare che stai facendo qualcosa che ti aiuterà a smettere di crearla, ma in realtà starai semplicemente rinchiudendo più trauma-dramma nel tuo corpo.

Parte dell'antidoto alla dipendenza (di te che diventi l'antidoto alla dipendenza) sta nel cambiare l'energia densa e contratta della tua dipendenza in un'energia che è più leggera ed espansiva. Ecco cos'è la consapevolezza. È essere presenti con ciò che è. È essere nella leggerezza e nell'espansione di questa espressione.

So che sembra esattamente l'opposto, perché pensiamo: "Devo essere forte, intenso e potente per superare la mia dipendenza. Ecco cosa mi serve per vincerla." Ma questo non è assolutamente vero. Più hai te stesso, più sei leggero, espanso e consapevole, e meno potrà esistere il comportamento dipendente o compulsivo. Non potrà più esistere, perché esso è caratterizzato da una densità e una contrazione che nasce dal tuo non essere te stesso. Questa energia densa non può coesistere con l'espansione che crei quando stai essendo chi in realtà sei.

Più accedi all'essere te stesso, più vai a riscoprire e recuperare i diversi talenti, le abilità e le sfaccettature di te, che hai eliminato o abbandonato. Ho visto tantissime persone farlo. Sì, servirà del tempo. Ma puoi iniziare a recuperare il potere di te oggi. Ed è da questo che inizieremo a lavorare.

A volte le persone mi dicono: "Beh, quel che dici va bene, ma io ho già affrontato questo percorso in terapia."

Sono stata una psicoterapeuta per diversi anni, e pratico molto poco perché, nella mia esperienza, la terapia di solito non aiuta le persone a diventare chi in realtà sono; anzi, tende ad aiutarle ad adeguarsi alle richieste della loro famiglia, della loro cultura e della comunità. Che si tratti di lavoro, relazione, o di una qualche forma di auto-espressione, solitamente la terapia è designata ad aiutarti a trovare il tuo posto appropriato nella società. La salute mentale spesso viene misurata con la disponibilità della persona a cambiare e adattarsi a ciò che è stato stabilito siano i comportamenti appropriati, le responsabilità e le regole. C'è un accordo tacito secondo il quale il cliente dovrebbe essere aiutato a capire come poter adeguarsi meglio al paradigma comune. Se ciò richiede il divorziare dalle parti di te che non si adeguano, è considerato un accettabile e necessario sacrificio da parte tua per il bene di tutti. Se non lo fai, sei considerato egoista. Le persone spesso escono dalla terapia dicendo cose come: "Beh, è così che va. Questa è la realtà. Devo adeguarmi. Questa è la vita basata sulle regole della vita." In realtà, non ti devi adeguare! Puoi scegliere di farlo se consideri che questo aggiungerà qualcosa alla tua vita, ma non devi. Hai altre scelte.

Diamo un'occhiata ad altri fattori che influenzano e supportano il processo del diminuire te stesso.

Andare a Scuola

Come è stata per te la scuola? Un'altra esperienza in cui non ti adeguavi? Noi non siamo esseri lineari, ma ci è stato fatto credere di dover vivere in maniera lineare: mettersi in fila, 50 minuti di matematica, 50 minuti di italiano, 50 minuti di studi sociali. Ricreazione per 50 minuti. Ti funzionava? A me assolutamente no e scommetto che nemmeno a te.

La tua mente va dalla A alla B alla C, o va dalla A alla M e ritorna alla B? Come sarebbe se questo fosse il modo in cui una mente altamente creativa funziona? Hai spento questa tua capacità per cercare di essere lineare, perché così ti è stato richiesto? E quanto ti piaceva stare seduto in quelle fila di banchi, stare in riga e stare fermo mentre aspettavi il pranzo? Questo ti divertiva o ha fatto sì che tu ti spegnessi per attenerti alle regole?

Un altro modo in cui la scuola smorza la curiosità e la creatività naturale degli studenti è aspettarsi che tutti abbiano la stessa (corretta) risposta. "Cosa c'è di male?" potresti chiederti. "Non è per questo che andiamo a scuola? Per imparare le risposte?" Se osservi quello che fa una risposta, vedrai che, anch'essa, richiede che tu spegna la tua energia. È la fine dell'esplorazione di ciò che potrebbe essere possibile. Diciamo che ci si aspetta che tu dia la risposta alla domanda: "Quali sono state le cause della Guerra Civile?" e ti venga data una lista di cinque cose da memorizzare. E dici: "Oh, ok, posso memorizzare queste cinque cose e metterle sul test." Ma se credi che la complessità della risposta stia in queste cinque cose, non ti chiederai mai "Cos'altro potrebbe essere stato? Cosa non stiamo prendendo in considerazione qui?" Fai tacere la tua mente inquisitoria a favore di una lista di cinque risposte date dal maestro che potrebbe essere inaccurata o incompleta.

Ecco ciò che la scuola fa agli studenti a causa del sua attenzione alle risposte. A meno che tu non abbia avuto un'esperienza davvero diversa da quella della maggior parte delle persone, la scuola ha disattivato la parte curiosa e inquisitoria di te, quella parte che si pone le domande. È quella tua parte a rappresentare un fattore enorme nell'aiutarti a essere l'antidoto alla dipendenza. Questo perché le domande ti permettono di vedere oltre ciò che appare essere vero come unica opzione. Ti permettono di vedere altre possibilità.

Andiamo avanti ancora un po'. Sei stato reso sbagliato per essere stato multitasking a scuola? Molti bambini hanno troppa energia per starsene seduti e fare una cosa noiosa alla volta. Era vero anche per te? Sei stato etichettato, criticato o addirittura ti hanno dato dei farmaci a causa della tua inclinazione naturale a fare diverse cose contemporaneamente?

Tanti bambini, messi sotto la pressione di doversi adeguare, scelgono di spegnere la propria energia e di adottare il ruolo del bravo bambino, oppure scelgono di diventare ribelli. Nessuno di questi ruoli permette al vero sé di mostrarsi, perché entrambi sono un insieme di reazioni predeterminate. Quindi, che tu sia stato un bravo ragazzo o un ribelle, si tratta sempre di non essere stato te stesso. Essere te stesso va al di là di ogni sistema o di un particolare ruolo assunto. Essere te stesso non riguarda il resistere o il reagire a qualcosa, né l'allinearti o l'accordarti con esso. Riguarda semplicemente ciò che è vero per te. E, di nuovo, torniamo al sapere ciò che sai.

E non era anche questa un'altra cosa inaccettabile a scuola? Non ti era permesso sapere ciò che sapevi? Ti veniva chiesto di mostrare i compiti; mettiamo che dovessi fare un test di matematica a risposte multiple. Le risposte erano: a) 3 ¼, b) 9 ¾, c) 7 ½, d) 5. Le guardavi e dicevi: "Oh! È 9 ¾!"

L'insegnante ti chiedeva "Come hai fatto a rispondere a questo problema?"

E dicevi: "Non lo so. Semplicemente l'ho capito."

Se non potevi dimostrare il tuo sapere in maniera lineare, la tua risposta non veniva accettata. L'insegnante diceva: "Beh, se non puoi spiegare il tuo procedimento, devi aver copiato o imbrogliato." Sapevi segretamente ciò che sapevi, ma ti sei semplicemente reso conto che non ti era permesso solo di "sapere le cose", così hai cercato di farlo a modo loro?

Questo tipo di esperienze diminuisce il sapere innato che tutti noi abbiamo. Ti è mai successo di guidare in autostrada e sapere semplicemente quale svincolo prendere, anche se le indicazioni ti dicevano di uscire due svincoli dopo, per poi scoprire di aver evitato una lunghissima coda dovuta alla costruzione di una strada nuova o a un grosso incidente? Se qualcuno ti avesse chiesto: "perché prendi quest'uscita?" non saresti stato in grado di spiegarlo. Sapevi semplicemente di doverlo fare. Ecco che cos'è il sapere. Non è logico e non è qualcosa di accettato o riconosciuto da molte persone, specialmente a scuola.

Essere Chi Si "Suppone" Tu Debba Essere

Mentre crescevi, hai cercato di discernere ciò che la società aveva deciso fosse un adulto di successo? Quanta informazione c'era là fuori che ti diceva che cosa ciò significasse? Hai ricevuto il messaggio:

"Saprai che sei di successo se guadagni un sacco di soldi, se hai 2-5 figli, se vivi in una casa con lo steccato bianco e vai agli incontri "genitori-insegnanti"?" Era appagante per te? Oppure sentivi che, oltre a questo, poteva esserci qualcosa di più per te nella vita?

Tutto questo per dire che in ogni fase della tua vita ci sono persone e istituzioni che vorrebbero che tu sopprimessi chi davvero sei, in modo da adeguarti a essere chi si suppone tu debba essere.

Credere a questo crea l'essenza della dipendenza. È incredibilmente doloroso non essere chi in realtà sei.

Diversi anni fa avevo una gatta che entrava e usciva da casa. Era una gattina coraggiosa e selvaggia. Usciva per cacciare e ritornava a casa portando uno scoiattolo della sua stessa dimensione. Un giorno non riuscivo più a trovarla. La cercai e cercai ancora. Finalmente la trovai rannicchiata dietro la porta del bagno. Le era successo qualcosa di brutto, ma non era chiaro cosa fosse. La portammo dal veterinario. Aveva delle piccole ferite, probabilmente era stata colpita da una macchina o si era scontrata con un cane. Qualunque cosa fosse l'aveva davvero spaventata. Questo fatto le disse che essere coraggiosa era sbagliato e si contrasse in un piccolo essere che era solo un decimo di quello che in realtà era. Dovemmo lavorare con lei per un po' per aiutarla a ritornare a essere se stessa e, ancora una volta, tornò a essere quella gattina coraggiosa e selvaggia che era sempre stata.

La stessa cosa capita a noi. Ci succede qualcosa nella vita e pensiamo che contrarsi sia una buona idea. Molti di noi si sono contratti durante l'infanzia perché era la cosa "sicura" da fare. E questo ci ha fatto sentire meno vulnerabili. Non volevi trovarti nei paraggi quando papà era di cattivo umore. Pensavi, mentre il bullo di turno era nel cortile della scuola, che la cosa migliore da fare fosse renderti piccolo. E lo stai ancora facendo? Ti stai ancora rendendo "invisibile", in un modo o in un altro? Ti sta davvero servendo o sta semplicemente rafforzando l'idea che sei senza potere?

Esercizio: *Espandersi*

Questo esercizio è designato ad aiutarti a spostarti da uno spazio contratto a uno molto più espansivo. La maggior parte di noi è abituata ad avere un'energia molto contratta, ma questa contrazione di solito crea delle enormi limitazioni. Quando accedi a essere lo spazio che puoi davvero essere, hai una piattaforma molto più grande da cui generare e creare la tua vita. Quello spazio ti permette anche di avere a che fare più facilmente con tutto ciò che ti arriva da questa realtà.

Prima di iniziare questo esercizio, per favore sii consapevole che l'Essere non è dentro il corpo. Il corpo è dentro l'Essere!

Istruzioni:

(Registra questo esercizio, così potrai ascoltare le istruzioni.)

- Trova un posto comodo dove sedere dove non sarai disturbato.
- Inspira profondamente, e poi espira lentamente.
- Di nuovo, inspira profondamente, e poi espira lentamente. Permetti al tuo corpo di rilassarsi, lasciando andare tutte le tensioni.
- Ora mi piacerebbe che espandessi il tuo Essere al di fuori del tuo corpo di 20, 30 cm. Non devi cercare di farlo: lo chiedi e lo crei.
- Prenditi un momento per essere consapevole di cosa provi.
- Ora espanditi fino a riempire la stanza dove ti trovi. Prenditi un momento per essere consapevole di cosa provi.

- Ora espanditi fino a riempire tutto il palazzo. Prenditi un momento per essere consapevole di cosa provi.
- Ora espanditi fino a diventare grande come la città in cui vivi.
- Ora espanditi di 50 km in ogni direzione, incluso giù nella Terra.
- Ora espanditi di 200 km in ogni direzione, incluso giù nella Terra.
- Ora espanditi di 1.000 km in ogni direzione, incluso giù nella Terra.
- Ora espanditi di 5.000 km in ogni direzione, incluso giù nella Terra.
- Ora espanditi di 20.000 km in ogni direzione, incluso giù nella Terra.
- Ora espanditi di 100.000 km in ogni direzione, incluso giù nella Terra.
- Ora espanditi di 500.000 km in ogni direzione, incluso giù nella Terra.
- Ora espanditi tanto quanto vuoi, incluso giù nella Terra. Prenditi un momento per notare l'energia e lo spazio che stai essendo. Stai lì per un momento o due, o anche di più. Cosa provi?
- Ora apri gli occhi e mantieni questa espansione tanto quanto ti piacerebbe mantenerla. Com'è? Sei disposto a essere questo spazio su base regolare? Puoi, lo sai.

La disponibilità a essere spazio creerà molta più facilità per te. Ti incoraggio a praticare questo esercizio ogni giorno, fin quando diventa facile per te essere immediatamente lo spazio che desideri essere. Inizialmente potresti essere in grado di fare solo una piccola parte di questo esercizio. Non preoccuparti se ti sembra di non riuscire a farlo subito. Potrebbe volerci un po' di pratica. Quando ho imparato per la prima volta a fare questo esercizio lo facevo mattina e sera. Forse potresti fare lo stesso anche tu.

Due Giudizi Comuni

Nella sezione successiva ti parlerò di due giudizi comuni che la società associa alle persone con dipendenze. Se li renderai tuoi, ti contrarrai e ti diminuirai nuovamente.

"Sei Egoista"

Le persone che hanno comportamenti dipendenti o compulsivi vengono spesso accusate di essere egoiste. Infatti, in alcuni programmi tradizionali di trattamento, una cosa che viene detta ripetutamente alle persone è: "Sei egoista."

Egoista. È qualcosa di brutto, vero? Beh, forse no. L'egoismo può essere qualcosa di molto positivo. Se un neonato non fosse egoista, se non esprimesse mai i suoi bisogni o desideri, indipendentemente da quello che stanno passando le altre persone, non potrebbe mai essere nutrito o cambiato. Quando neghi te stesso e metti continuamente gli altri prima di te, non sei nell'equazione della tua vita. Sei lì solo per fare ed essere ciò che le altre persone hanno bisogno che tu faccia o sia. Perdi la consapevolezza dei tuoi bisogni e necessità, e come puoi essere te stesso quando non sei consapevole di queste cose?

Quello che la maggior parte delle persone intende quando ti accusa di essere egoista è che non stai essendo la persona che vogliono che tu sia, e non stai soddisfacendo i loro bisogni. Sei egoista se vuoi passare il giorno a leggere e non hai voglia di andare a gironzolare con loro. Sei egoista se non vivi ciò che loro hanno deciso siano le tue responsabilità e i tuoi obblighi. Dicono che sei sbagliato e che li stai ferendo. Dicono: "Stai mettendo te stesso al primo posto. Devi farti da parte per favorire me." In realtà, devi mettere te stesso al primo posto! Se non lo fai non puoi essere il vero dono che sei per il mondo. Questo è tutt'altra cosa che essere egoista.

Una volta avevo un cliente che era stato etichettato come drogato. Sua moglie si considerava la vittima che aveva sofferto a lungo. In realtà era dipendente dall'essere critica ed essere una vittima. Il suo punto di vista era: "È egoista, mi sta ferendo con la sua dipendenza, sta facendo delle cose terribili." La cosa interessante è che quando chiesi al mio cliente di fare una lista di tutti i modi in cui aveva ferito sua moglie, non fu in grado di trovare nulla di specifico. Vide che quando credeva alle lamentele della moglie e le rendeva reali, affermava la posizione della stessa, ovvero di moglie addolorata, e le dava ulteriori opportunità di rimproverarlo, accusarlo e sminuirlo.

Quando io e il marito lavorammo assieme, egli divenne consapevole delle dinamiche della situazione e fu più disposto a mostrarsi nella sua vita e lasciare andare l'uso di droga. Più felice, più creativo e più di successo divenne, e più la moglie divenne cattiva, fino al punto che nemmeno i figli volevano starle vicino. Alla fine si separarono. La parte triste è che anche lei avrebbe potuto scegliere di cambiare e porre fine alla sua dipendenza, ma si aggrappò ancora di più all'essere la vittima critica e abusiva che scelse di essere.

Ti incoraggio a vedere ciò che davvero sta succedendo alle persone che ti chiamano egoista. Riguarda te? O in realtà riguarda loro? Uno dei modi per accedere all'essere l'antidoto alla dipendenza è chiederti:

- Sono nell'equazione della mia vita qui? O sono entrato nella realtà di qualcun altro?
- Sto facendo quello che le altre persone vogliono che faccia, senza considerare i miei bisogni?

Se ti stai adeguando alla realtà di qualcun altro, non puoi avere la tua realtà. Non puoi iniziare a recuperare il potere di te ed essere chi in realtà sei. E se la realtà dell'altra persona è più piccola della tua, devi negare la tua consapevolezza e contrarti abbastanza per adeguarti alla loro piccola realtà. Non sto dicendo che non dovresti prendere in considerazione gli effetti che le tue azioni hanno sugli altri. Non si tratta di essere un elefante in un negozio di cristalli. Si tratta di vedere dove tu o gli altri ti giudicano come egoista, quando in realtà ciò che stai facendo è essere un contributo e un'espansione alla tua vita.

"Sei Imprevedibile"

A volte le persone sono accusate di essere egoiste quando stanno essendo imprevedibili. Se non fai le cose prevedibili che le persone contano che tu faccia, potrebbero accusarti di essere centrato su te stesso. Ma non lo stai essendo: stai essendo presente, e per molte persone essere presenti è uno dei più grandi peccati, perché quando lo sei non possono controllarti. Sei incline a scegliere qualcosa che non è prevedibile perché stai seguendo l'energia del momento, piuttosto che operare dal pilota automatico.

Mettiamo il caso che tu abbia un piano immutabile, "scolpito nella pietra" riguardo ciò che fai la domenica. Poi una domenica mattina ti svegli e non ti attieni più a quel piano. Lo senti pesante. Sei disposto a chiedere: "Cosa mi potrebbe divertire e far sentire espansivo oggi, invece di andare al mattinée, portare i bambini al fast food, o andare a pranzo dai Rossi?" Forse sceglieresti di fare un'escursione o di esplorare un parco, o stare a casa e giocare con i giochi da tavola. La vita non riguarda l'essere imprevedibili? Non intendo dire di rendere la tua imprevedibilità una rogna per gli altri. Ciò che intendo è essere disposto a seguire l'energia. Ecco una delle cose divertenti della dipendenza: ti rende molto, molto prevedibile. Non te ne sei mai accorto? "Dopo pranzo mi fumo una sigaretta", "Sono le cinque: ora del cocktail", "Appuntamento al buio, guardiamo un po' di porno su Internet."

Come sarebbe se fossi disposto a essere imprevedibile nel senso di essere nel momento, essere consapevole e fare domande tipo:

- Cosa sarebbe divertente per me proprio ora?
- Quale attività nuova o diversa potrei scegliere oggi?
- Cosa espanderebbe la mia vita?

Se fossi disposto a essere imprevedibile, quanto cambierebbe la tua vita? Quanto ti sentiresti più vivo?

Un aspetto dell'essere imprevedibile è la disponibilità a cambiare idea. Questo è ciò che fai quando sei sveglio, consapevole, sintonizzato su te stesso e su quello che sta capitando intorno a te. Come sarebbe se fossi disposto a cambiare idea ogni 10 secondi? Come sarebbe se non dovessi continuare a fare qualcosa semplicemente perché, a un certo punto, avevi deciso di farlo?

Hai mai preso accordi su un lavoro e sapevi fin dal primo giorno che non sarebbe stato buono? Però siccome hai detto che l'avresti fatto sei rimasto lì per sei anni? O forse riguardava un matrimonio o una relazione. Hai deciso che dovevate stare insieme anche se entrambi eravate infelici? Come sarebbe stato se avessi permesso a te stesso di cambiare idea e di non incatenarti a qualcosa che non stava funzionando? Perché, di nuovo, quando lo fai, stai lasciando te stesso fuori dalla tua vita.

Non sto parlando di non avere riguardo per gli altri. Sto parlando dell'essere consapevole e onesto con te stesso riguardo ciò che funziona o meno. Puoi farti domande tipo: "Cosa ci vorrebbe affinché questo sia espansivo per tutti?" Si tratta di guardare le possibilità (perché siamo tutti interconnessi) e ci sono dei modi in cui puoi essere totalmente te stesso e includere le persone che sono disposte a essere presenti nella tua vita. Se il tuo matrimonio non sta funzionando, è davvero di beneficio per il tuo coniuge e per i tuoi bambini portarlo avanti? I bambini sono consapevoli di quello che sta succedendo. Ho avuto molti clienti adulti che dicevano cose del tipo: "Se i miei genitori avessero divorziato... la mia vita sarebbe stata molto più semplice se non mi fossi ritrovato in mezzo ai loro litigi." La stessa cosa può essere detta per il lavoro. Se lo odi, puoi fare un buon lavoro per il tuo datore? O sarebbe meglio per lui trovare qualcuno che si gode davvero il lavoro?

SCELTA E CONSAPEVOLEZZA

La maggior parte delle persone pensa alla scelta come qualcosa con cui debba esercitarsi quando è di fronte ad alternative diverse. Pensano di poter scegliere tra gelato alla vaniglia o al cioccolato, se essere sposati o divorziare, se fare le vacanze in Costa Rica, in California, alle Hawaii o in Canada. Io la chiamo scelta da un menù. Presuppone che le opzioni o le risposte che hai di fronte siano le uniche scelte che hai.

Per esempio, prendiamo la frase: "puoi essere sposato o divorziato." Se osservi ciò che la maggior parte delle persone intende con "essere sposati", puoi vedere come rimangono bloccati nell'idea che hanno solo due scelte. Come sarebbe invece se non definissi il matrimonio così come chiunque altro lo definisce? Come sarebbe se non significasse vivere insieme 365 giorni all'anno, ricoprire certi ruoli e adattarsi a routine prestabilite e aspettative che l'uno ha sull'altro? E se si trattasse di onorare l'altra persona per chi in realtà è, ed essere presente con quella persona nel momento, piuttosto che avere dei comportamenti e azioni impostate? Come sarebbe se essere sposati fosse una scelta che fai ogni giorno, e non dovendo analizzare le cose, ma seguendo l'energia? Potrebbe aprirti a una relazione diversa e più espansiva? Ci sono sempre delle scelte che vanno oltre il "menù" prestabilito di questa società. Sono i giudizi arbitrari e le regole che accettiamo che limitano le nostre scelte. La maggior parte di noi è portata a credere che abbiamo delle opzioni limitate in ogni situazione specifica, ma generalmente non è così.

Ecco un altro esempio. Parlai con una cliente che disse: "Sono una che strafà. Quando arriva Natale insisto a fare tutte le cose tradizionali: preparare l'albero, fare il tacchino, cucinare biscotti e comprare regali per tutti. Mi esaurisco e finisco coll'imporre tutto questo ai miei bambini, ma a loro non interessano queste cose. Non voglio più farlo, ma non voglio saltare il Natale perché lo amo."

Le dissi: "Perché non ti siedi con i tuoi bambini e fate una riunione di famiglia? Potreste scegliere delle cose che vi piace fare assieme. Se volete festeggiare Natale il 27 dicembre per saltare tutte le grandi cerimonie, fatelo. O se vuoi mettere tutti in macchina e farvi un viaggio per le vacanze, fallo. Fa qualcosa di divertente che funzioni per tutti voi. Hai sempre più scelta di quanto credi."

Mi rispose: "Oh! Questo è davvero liberatorio!"

La vera scelta è muoversi oltre le opzioni che ti sono state dette siano le uniche che hai. Hai sempre più scelta di quanto credi.

Stiamo Scegliendo Continuamente

Un errore che le persone comunemente fanno è non riconoscere che stiamo continuamente scegliendo. Stiamo scegliendo qualcosa ogni secondo della nostra vita. Stiamo scegliendo di trattarci bene, oppure no. Stiamo scegliendo di connetterci con una persona, o no. Stiamo scegliendo di comportarci in maniera dipendente o compulsiva, o no. Stiamo scegliendo anche se scegliamo di essere inconsapevoli che stiamo scegliendo. Se stai operando con il pilota automatico stai semplicemente scegliendo di usare il pilota automatico. Se, ogni volta che vedi una casa in particolare, una macchina, o una persona dici: "Bleah!" stai scegliendo di reinnescare lo stesso giudizio.

La Scelta Crea Consapevolezza*

Poche persone comprendono che la loro consapevolezza aumenta facendo scelte. Alcuni cercano di diventare consapevoli di ciò che le loro scelte creeranno prima ancora di scegliere. Ma non funziona così. La scelta crea consapevolezza. La consapevolezza non crea scelta.

Sei mai uscito con qualcuno e quasi immediatamente sei diventato consapevole sulla possibilità o meno di un futuro con quella persona? La tua scelta di uscire con lui/lei ha creato quella consapevolezza. A volte puoi avere la consapevolezza semplicemente avendo l'intenzione di fare la scelta. Non devi davvero portarla avanti. Se dici: "Tornerò a scuola e mi diplomerò" percepirai immediatamente l'energia di ciò che quella scelta creerà. Poi potresti fare un'altra scelta: "Oh, beh, forse non è il momento adesso."

Scegliere è cruciale per la consapevolezza. Il mio suggerimento è di continuare a scegliere, scegliere, scegliere, cosa che stai comunque facendo, ma diventando consapevole del fatto che stai scegliendo.

---

*"La scelta crea consapevolezza" è un concetto Access Consciousness®

Controlla

Mi piacerebbe che controllassi proprio ora se stai ancora essendo lo spazio di espansione. Se, per qualche ragione, sei riscivolato nell'essere più contratto, ti prenderesti per favore un momento per espanderti di nuovo? Quando stai imparando nuove informazioni dallo spazio dell'espansione è molto più facile capire ciò che è vero per te e ciò che risuona con te, rispetto a quando stai cercando di imparare da uno spazio di contrazione.

Esercizio: L'Evento Bugia

Alcune delle cose che ci impediscono di essere l'antidoto al comportamento dipendente sono le decisioni, i giudizi e le conclusioni che abbiamo creato sulle nostre esperienze passate e le cose a cui abbiamo creduto dette su di noi e sull'universo. Ecco un esercizio che puoi usare per iniziare a lavorare con tutto questo. Lo chiamo: "L'Evento Bugia".

Prendi uno o due eventi della tua infanzia che hanno ancora una carica energetica per te. Non devono essere cose enormi. Non sto parlando dei grandi eventi come un lutto in famiglia o trasferimenti in un'altra città. Può essere qualcosa che sembra piccolo (qualcosa che è successo a scuola o quando stavi facendo visita ai tuoi cugini); non grandi abusi, semplicemente qualcosa che ha ancora della carica energetica.

Ti faccio un esempio personale. Ero in seconda elementare ed era il 31 ottobre, Halloween. Ero molto eccitata all'idea di travestirmi e andare in giro per il vicinato con gli altri bambini della classe a prendere i dolcetti. Andammo in una casa e la signora aveva un'enorme ciotola di caramelle. Ci disse: "Prendetene quante volete." Ero emozionatissima e ne presi due o tre manciate.

Quando tornammo in classe la maestra disse a tutti che io e un altro bambino (il quale aveva preso a sua volta molte caramelle) eravamo avidi e maleducati. Ci rese estremamente sbagliati. Questo mi bloccò per lungo tempo. E anche da adulta quell'incidente aveva ancora una carica per me: ogni volta che ci pensavo mi sentivo rimpicciolire. Ecco il genere di eventi di cui sto parlando.

Come risultato di questa esperienza, conclusi di essere una bambina cattiva, di essere avida e che non era giusto concedermi cose piacevoli. In altre parole, ero sbagliata e dovevo contrarmi. Decisi anche di non potermi fidare degli adulti. Sebbene la signora mi avesse invitato a prendere i dolci, fui così umiliata dalla maestra che non volli più fidarmi di ciò che qualsiasi adulto dicesse. C'è un sacco di roba che emerge da un piccolissimo evento di Halloween avvenuto quando avevo sei o sette anni. E per anni vissi in base a quella decisione, a quei giudizi e conclusioni. Influenzarono molte delle mie reazioni agli eventi della mia vita.

Molti anni dopo, quando guardai al passato e a quelle decisioni, mi resi conto che dopotutto non ero avida. La signora con la ciotola di caramelle mi stava facendo un regalo, e io lo stavo gioiosamente ricevendo, fin quando la maestra mi rese sbagliata. Dovetti riguardare questo incidente da una prospettiva diversa per capire che non ero io a essere sbagliata in quella situazione: lo era la maestra. Finalmente fui in grado di lasciare andare la carica energetica e dire: "Wow, ho preso alcune decisioni, giudizi e conclusioni inappropriate, e ho permesso che esse conducessero la mia vita. Tutte quelle decisioni contribuirono al mio comportamento dipendente, perché mi fecero sentire sbagliata e di non potermi fidare di me o degli altri."

Quando feci l'esercizio "l'Evento Bugia" con un'amica, si ricordò di un incidente avvenuto quando aveva cinque anni. Aveva selezionato attentamente i suoi vestiti e si era preparata; poi, orgogliosa, si era mostrata alla madre per farle vedere che bel lavoro avesse fatto. Indovina cosa successe? Sua mamma la ridicolizzò e la mise in imbarazzo. La mia amica si sentì umiliata e concluse di non potersi fidare di se stessa quando doveva prendere delle buone decisioni.

Quando rivide questa situazione si rese conto che non era vero che facesse scelte cattive, ma che sua madre fu cattiva. Aveva una madre cattiva (alcuni di noi ce l'hanno). La mia amica capì che in realtà poteva prendere buone decisioni e guardò dove nella sua vita l'aveva fatto, ma non ne era consapevole. Non riusciva ad abbandonare i giudizi che aveva su se stessa, fintanto che non guardò alle conclusioni che aveva tratto quando aveva cinque anni. E non riusciva nemmeno a vedere che, durante la sua vita, aveva preso alcune decisioni davvero buone.

Perché questo esercizio è così potente? Perché i tuoi punti di vista creano la tua realtà.* Se all'età di sei o sette anni hai concluso di essere avido e di non poterti fidare delle persone, o se hai concluso all'età di cinque anni che prendi decisioni sbagliate, creerai le circostanze atte a dimostrare la correttezza di queste conclusioni, fin quando non le riconsidererai. Creiamo la nostra vita basandoci sul significato che diamo agli eventi successi. E queste bugie contribuiscono al sentirci sbagliati e a farci giocare nel comportamento compulsivo o dipendente che scegliamo di assumere.

Quindi, proprio ora, ti invito a scrivere il tuo evento. Di nuovo, è un evento della tua infanzia che potrebbe sembrare piccolo, ma che ha una carica per te. Ne hai uno? Scrivi cosa è successo.

Dopo averlo fatto, per favore, osserva le decisioni, i giudizi, le conclusioni che hai fatto riguardo te stesso, riguardo la vita, le altre persone, gli adulti (forse anche riguardo Dio o l'universo) in base a quell'incidente. E scrivili.

Finita questa parte dell'esercizio, ti incoraggio a ritornare indietro col pensiero, a guardare il bambino/a che eri in quel momento, e chiederti: "Se fossi al di fuori di questa situazione e vedessi capitare queste cose a un bambino, cosa direi a questo bambino?" Cosa avrebbe potuto dirti qualcuno in quel momento per poter mettere questo incidente sotto la giusta prospettiva per te? Per favore, scrivilo.

Mi piacerebbe che dicessi questo a te stesso ora. Dicendolo riesci a correggere le decisioni, i giudizi e le conclusioni che hai preso da bambino e che hanno dato forma ai tuoi punti di vista, e che forse potrebbero ancora influenzare il modo con cui interagisci nel mondo. Individuare le vecchie bugie, le decisioni inaccurate, i giudizi e le conclusioni, è un grande passo nel processo dello svelare la verità di chi in realtà sei.

Alcuni Strumenti Che Puoi Iniziare a Usare Ora

Ecco alcune domande e strumenti che ti potenzieranno a diventare di più te stesso, che è il motivo per cui diventare l'antidoto alla dipendenza.

Strumento: È Leggero - o È Pesante?*

Mi piacerebbe presentarti uno strumento che ho trovato estremamente di valore: ciò che è vero ti fa sentire leggero e ciò che è una bugia ti fa sentire pesante.

Questo potrebbe aiutarti a capirlo meglio: pensa a qualcuno nella tua vita che ami, qualcuno con cui sei disposto a stare e di cui non hai giudizio. Senti questa energia. È leggera o pesante? Suppongo tu senta una leggerezza.

Ora, percepisci l'energia di qualcuno che ti ha tradito, o qualcuno che pensavi fosse un amico, fino a quando ti sei reso conto che non era per nulla gentile o amichevole. Senti una pesantezza? È dovuta al fatto che c'è una bugia. La bugia era che la persona tenesse a te, o che stesse facendo ciò che era nel tuo massimo interesse.

---

*"È leggero? O è pesante?" è uno strumento di Access Consciousness®.

Ognuno sperimenta il leggero o pesante in maniera diversa. Alcune persone sentono un senso di pesantezza o di leggerezza nel corpo. Altri percepiscono la parola (leggero o pesante). Altri ancora sperimentano leggero come giorno e pesante come notte. Non importa come si mostri. Non giudicarlo. Non c'è nulla che devi fare bene. È un responso che è unico per te e una volta che diventi consapevole di cosa siano leggero o pesante per te, diventa uno strumento estremamente utile. Io lo uso sempre per avere chiarezza su ciò che è leggero per me e su ciò che sta succedendo nella mia vita. Ne faccio uso quando faccio delle scelte o quando prendo in considerazione diverse possibilità.

Per esempio, se sto considerando di mettermi in viaggio o di partecipare a un particolare corso, anche se logicamente potrebbe sembrare una buona o una cattiva idea, percepisco l'energia chiedendo qualcosa del tipo: "Qual è l'energia di frequentare questo corso o di mettermi in viaggio?" Ci sarà una pesantezza o una leggerezza, e spesso l'energia leggera o pesante andrà contro ciò che la mia mente logica si immagina.

Ho notato che quando seguo l'energia di ciò che è leggero, le cose vanno sempre bene. E quando non lo faccio, quando seguo la mia mente logica, le cose non vanno mai nel modo positivo in cui pensavo andassero.

Ma ti avverto: lo strumento leggero/pesante funziona accuratamente solo se sei disposto a non avere punti di vista su ciò che il responso, o il risultato, sarà. Se hai già deciso che qualcosa è buono o cattivo per te, o che qualcuno è fatto in quel modo, lo strumento leggero/pesante non funzionerà. Il responso energetico alla tua domanda sarà in accordo con ciò che hai già deciso. Per esempio, se hai deciso che "x" è la giusta persona da sposare e chiedi: "È leggero o pesante per me sposare "x"?" riceverai un leggero. Lo strumento non può funzionare perché hai già un giudizio in posizione.

Se vuoi chiedere sullo sposare "x", devi approcciare la domanda da uno spazio di completa neutralità: "Se è espansivo per me sposare "x", grandioso. Se non è espansivo per me sposare "x", grandioso." Solo da uno spazio di nessuna aspettativa o risultato desiderato lo strumento leggero/pesante funzionerà.

Puoi usare questo strumento quando ti senti portato ad assumere il tuo comportamento dipendente o compulsivo, chiedendoti:

- Qual è l'energia di assumere il mio comportamento dipendente o compulsivo esattamente ora?
- È leggero o pesante per me rimandare questo comportamento di quindici minuti?

Anche se scopri che è pesante per te assumere il tuo comportamento ossessivo o dipendente, puoi sempre scegliere di farlo. Lo scopo dello strumento leggero/pesante non è di dirti cosa fare, ma è quello di darti più consapevolezza rispetto a cosa stai scegliendo.

Ecco altri modi in cui puoi usare questo strumento riguardo la tua dipendenza.

Chiedi:

- Giovanni mi è d'aiuto nel liberarmi del mio comportamento dipendente o compulsivo. Leggero o pesante?
- Questa idea (o attività) contribuirà a lasciare andare il mio comportamento dipendente o compulsivo. Leggero o pesante?

Di nuovo, sto parlando della leggerezza o della pesantezza dell'energia. Quando inizi a riconoscere e a seguire l'energia più leggera, inizierai a scegliere le cose che ti aiuteranno a essere libero dal tuo comportamento dipendente o compulsivo.

Se sei come me, hai cercato di capire le cose riflettendoci su. Per favore, prendi atto del fatto che, nonostante ciò che ti è stato detto, il pensare non funziona. Ed ecco un'altra cosa riguardo al riflettere: ogni volta che entri nel pensare e nel comprendere qualcosa, stai eliminando la tua consapevolezza riguardo ciò che sta succedendo. Il pensare, in realtà, ti impedisce di essere consapevole. Puoi fare una cosa o l'altra: puoi essere consapevole o puoi pensare, ma non puoi fare entrambe contemporaneamente.

Il pensare ti ha fatto arrivare al punto in cui sei ora. Se il pensare ti avesse fatto uscire dal tuo comportamento dipendente o compulsivo, ne saresti già uscito. Ecco perché questo strumento, che ti chiede di percepire l'energia della situazione (anziché cercare di rifletterci) è così efficace.

Puoi usare lo strumento leggero/pesante per accedere al tuo sapere in qualsiasi momento. Se è leggero per te è vero. Non è una verità universale: è semplicemente vero per te. E se è pesante, c'è una bugia (detta o non detta). È bene sapere che, a volte, le bugie sono non dette. Devi guardare anche a quelle perché qualsiasi cosa sia pesante rimarrà al centro della tua attenzione fin quando non riconoscerai la bugia.

Per esempio, mettiamo che qualcuno ti dica: "Non posso venire alla tua festa oggi perché sono malata." Potresti dire a te stesso: "Hm, lo sento pesante. C'è una bugia qui? Sì. (Lo sento leggero.) È davvero malata? No. (Lo sento leggero.) Ah, ok. Chiaro. Non è malata."

Se senti che queste domande non alleggeriscono completamente l'energia, allora potrebbe esserci qualcos'altro attaccato alla bugia. Puoi chiedere:

- Cos'altro c'è qui che è una bugia?
- Qual è la bugia non detta qui?
- Cos'altro sta succedendo?

Potrebbe essere qualcosa che la persona non ti sta dicendo, tipo: "Beh, in realtà il mio compagno non vuole che venga alla tua festa perché ha paura che flirterò con tal dei tali." Nel momento in cui porti a consapevolezza la bugia non detta, puoi lasciarla andare.

La sentirai leggera. Quindi questo è uno strumento davvero utile e pratico.

Usa lo strumento leggero/pesante durante la tua giornata. Nota ciò che è leggero e segui quell'energia di leggerezza. Nota ciò che senti pesante. Non resistere e non reagire alla pesantezza perché ciò significa combatterla, e combatterla ti fa rimanere in quella situazione. Chiediti invece: "Che cosa posso fare ed essere per creare una situazione che è più leggera qui?" Quando ti fai questa domanda ti arriverà una qualche consapevolezza. Vai semplicemente in quella direzione.

Strumento: A Chi Appartiene?*

Ti è mai successo di camminare per la strada, sentirti felice della vita e all'improvviso, essere sopraffatto da un'onda di tristezza? O forse eri seduto a casa, a guardare un film, e ti sei accorto di essere molto arrabbiato? Ti sorprenderebbe sapere che molti dei tuoi pensieri, sensazioni ed emozioni in realtà non ti appartengono?

Molti di noi sono incredibilmente psichici; me ne rendo conto particolarmente con le persone che hanno dei comportamenti dipendenti o compulsivi. Quando dico "psichici" non sto parlando di leggere le foglie del té o del guardare dentro una sfera di cristallo. Mi sto riferendo alla nostra abilità di raccogliere i pensieri, le sensazioni e le emozioni di chiunque intorno a noi. Se sei consapevole di questo, in quanto abilità che possiedi, allora non è un problema. Ma se non sei consapevole che raccogli i pensieri e le sensazioni degli altri, finirai per credere che la tristezza o la rabbia, o qualsiasi altra cosa, sia tua e che tu debba fare qualcosa al riguardo. La cosa è che se non è tua, non c'è niente che tu possa fare.

Un esempio: un Natale andai in un centro commerciale per fare alcuni regali. Ho una piccola famiglia e avevo tutti i soldi necessari per coprire le spese dei doni che avrei comprato.

---

*"A Chi Appartiene?" è uno strumento di Access Consciousness®.

Quando uscii dal centro commerciale, avendo già fatto i miei acquisti, pensai: "Oh mio Dio! Come pagherò tutta questa roba? Non so usare le mie carte di credito." All'improvviso mi resi conto che non erano i miei pensieri. Era ciò che molte persone nel centro commerciale stavano pensando; stavano spendendo troppo usando la loro carta di credito. Quindi, sapendo che questi pensieri non erano miei, semplicemente li lasciai andare.

Ma per molte persone non è sempre così evidente, specialmente se non riconoscono di avere l'abilità di "raccogliere" cose da altri.

Ecco quando questo strumento entra in gioco. Ogni volta che hai un pensiero, una sensazione o un'emozione, chiedi: "A chi appartiene?" Se si alleggerisce, non è tuo e puoi dire: "Ritorna al mittente."

Come terapeuta per molti anni, ho visto persone lavorare per decenni con problemi di gestione della rabbia senza cambiare mai nulla, perché la rabbia, sin dal principio, non era loro. La stavano raccogliendo da un genitore, da un compagno, da un membro della famiglia, o dal loro capo e la stavano simulando, mettendo in atto, inscenando al posto loro. Una volta capito che la rabbia non era la loro, essa semplicemente se ne andò.

Se stai sperimentando dolore fisico o emozionale, è possibile che tu lo stia raccogliendo da altre persone e lo faccia tuo. Succede sempre. Poniti la domanda: "A chi appartiene?" e se si alleggerisce saprai che lo stai raccogliendo da qualcun altro e lo puoi rimandare al mittente.

Puoi usare "a chi appartiene?" per gestire i pensieri, le emozioni e le sensazioni che circondano il tuo comportamento dipendente o compulsivo. Per esempio, cerca di usarlo con qualsiasi pensiero, emozione o sentimento che venga su quando stai prendendo in considerazione di assumere il tuo comportamento dipendente o compulsivo, o quando lo hai assunto.

Raccomandai questo strumento a una donna che aveva problemi col bere. Diventava ansiosa e si sentiva a disagio, quindi ricorreva all'alcol per avere del sollievo. Le suggerii di chiedere: "A chi appartiene?" nel momento stesso in cui diventava consapevole dell'ansia. Si presentò alla sessione successiva con un sorriso luminoso. Scoprì che stava raccogliendo l'ansia di suo marito, scambiandola per propria, per poi ritrovarsi a bere per sentirsi più calma.

Strumento: Porre Buone Domande

Un'altra cosa efficace e utile che puoi fare per avere e diventare di più te stesso, e per porre fine al tuo comportamento dipendente compulsivo, è di rimanere costantemente nella domanda. Le domande potenziano; espandono energeticamente le cose e ti aprono a nuove possibilità. Ogni domanda aperta ti aiuterà a iniziare a espanderti quando ti senti contratto. Fare costantemente domande, piuttosto che giungere a conclusioni, giudizi e decisioni sul tuo particolare comportamento dipendente o compulsivo (o su qualsiasi altra cosa nella tua vita), può aprirti a nuove strade di consapevolezza e d'azione.

Molte persone pensano di porsi domande quando, invece, la maggior parte delle volte le loro domande non sono vere domande. Sono risposte con un punto interrogativo attaccato.

Ti faccio un esempio di ciò che intendo. Diciamo che hai deciso di volere che l'uomo dei tuoi sogni si mostri nella tua vita, e che debba essere alto, scuro e bellissimo. Potresti farti una "domanda" del tipo: "Cosa ci vorrebbe affinché l'uomo dei miei sogni si mostri la prossima settimana?" Questa non è una vera domanda. È un'affermazione di ciò che hai deciso di volere, con un punto interrogativo alla fine. Una vera domanda riguarda qualcosa su cui non hai già preso una decisione. Una vera domanda lascia aperte le possibilità.

Pensi di star chiedendo l'uomo dei tuoi sogni, ma dal momento che hai già deciso che aspetto debba avere, hai limitato ciò che l'universo può donarti. E se l'uomo che sarebbe il più grande contributo alla tua vita fosse basso e biondo? Come sarebbe se ci volesse un mese affinché si mostrasse? Più richieste metti nella tua "domanda" e meno facilmente qualcosa si mostrerà.

Quando lavoro con le persone e le loro dipendenze, a volte esse chiedono cose del tipo: "Come interrompo il mio comportamento dipendente o compulsivo?" Nemmeno questa è una vera domanda. È un'affermazione di una decisione che hanno preso (il fatto che debbano smettere) con un punto interrogativo alla fine. Questo approccio porta ad avere a che fare con la dipendenza nella "modalità combattimento". Inoltre limita ciò che si può mostrare, perché hai già deciso cosa debba succedere. Una domanda migliore sarebbe: "Che cosa ci vorrebbe perché questo comportamento cambiasse?" Questo perché il cambiamento si può mostrare in molti modi diversi. Una domanda ti invita a espandere la tua consapevolezza. Ti apre a nuove possibilità.

Alcune altre domande che potresti fare riguardo il tuo comportamento dipendente o compulsivo potrebbero essere:

- Che cos'altro sta succedendo qui di cui non sono stato disposto a essere consapevole?
- Che cos'altro è possibile qui?
- Come può essere meglio di così?
- Che cosa potrei cambiare qui?
- Come posso agire?
- Quale altra energia potrei essere che cambierebbe questo?

---

* Molte di queste domande sono usate in tutto il libro. Sono alcune delle domande più importanti da avere nel tuo repertorio.

** "Come Può Essere Meglio di Così?" è uno strumento di Access Consciousness®.

CAPITOLO TRE

Che Cosa c'è di Giusto nella Dipendenza

Tutti i comportamenti hanno uno scopo.
Non sceglieresti un comportamento dipendente o compulsivo
se non fosse in qualche modo un contributo alla tua vita.

In questo capitolo esploreremo la domanda "Che cosa c'è di giusto nella dipendenza?" So che sembra una domanda folle e ti dirò perché è cruciale per te rispondere a essa.

Spesso il comportamento dipendente o compulsivo può sembrare la maniera migliore per rispondere alle tue esigenze, e potrebbe essere stato il miglior meccanismo di sopravvivenza che avevi a disposizione. Infatti molte persone usano il loro comportamento dipendente o compulsivo per soddisfare un'ampia varietà di necessità. Una volta che inizi a identificare tutti i modi in cui la tua dipendenza ti ha aiutato ed è stata giusta per te, puoi prendere in considerazione se questo sia il modo in cui desideri continuare a rispondere alle tue esigenze.

Quando chiedo: "Che cosa c'è di giusto nella dipendenza?" molte persone mi guardano come se fossi pazza. Rispondono: "La dipendenza è terribile. È orribile. È la cosa peggiore. È ciò che mi sta bloccando dall'essere me stesso. Io odio l'alcol. Odio le sigarette. Odio le relazioni abusive. Non so perché continuo a sceglierle."

E io dico: "Permettimi di dirti qualcosa che ho imparato tempo fa. Tutti i comportamenti hanno uno scopo. Non sceglieresti un comportamento dipendente o compulsivo se non facesse qualcosa per te. Non lo sceglieresti se non fosse un contributo alla tua vita in qualche modo. Hai creato la tua dipendenza perché pensavi di non avere altra scelta. Non avevi le informazioni, gli strumenti o l'insieme di competenze per scegliere qualcosa di diverso. Hai dovuto creare un tipo di comportamento dipendente o compulsivo per gestire ciò che ti stava succedendo."

Essere consapevoli di questo è un passo importante. In qualche modo, però, è anche un paradosso, perché l'altro lato di questo contributo è stata una limitazione. E devi osservare entrambi i lati del contributo/limitazione per liberarti del comportamento dipendente compulsivo.

Recentemente ho iniziato a lavorare con una nuova cliente che era stata abbandonata e abusata duramente da bambina. Mi disse: "Sono un'alcolizzata."

Le chiesi: "Che cosa significa?"

Mi rispose: "Bevo quasi tutte le sere."

Chiesi: "Quanto?"

Rispose: "Più o meno una bottiglia di vino. Bevo perché non posso sopportare il dolore di vedere che casino ho creato nella mia vita e quanto siano difficili le cose."

Le chiesi: "Hai gratitudine per il bere e per l'alcol?"

Disse: "No! perché dovrei averne?"

"Chieditelo" le risposi, "Se non avessi avuto l'alcol per gestire il dolore dell'abbandono, l'abuso e il senso di erroneità, come sarebbe stata la vita?"

Iniziò a piangere e disse: "Probabilmente mi sarei uccisa."

Le chiesi: "Riesci a capire che dono sia stato l'alcol? Non significa che non sia venuto il momento di cambiare questo, ma che è stato un dono per te quando non avevi altro modo per approcciare le cose."

E la cosa grandiosa è che se ne rese conto.

Per me è stato straordinario vedere quanti clienti abbiano scoperto che il loro comportamento dipendente li aveva tenuti in vita fin quando non ebbero un vero aiuto. Per favore, guarda sempre se questo è vero anche per te. Forse inizierai a vedere quale dono sia stato in realtà il tuo comportamento dipendente o compulsivo!

Ora che stai cercando di andare oltre il tuo comportamento dipendente o compulsivo, ti sarà molto utile scoprire il modo in cui questo comportamento ti ha aiutato. Quindi, osserva questa domanda: "Cos'è giusto della dipendenza che non stai vedendo?" Per aiutarti a fare questo, mi piacerebbe parlarti di alcune delle risposte che ho avuto dai miei clienti che sono stati disposti a vedere come la loro dipendenza abbia contribuito alle loro vite.

Mi aiuta a resistere. È il mio miglior anti-stress. Diverse persone usano il loro comportamento dipendente o compulsivo per gestire lo stress. Spesso sento cose tipo: "Riesco a vedere il mio ex perché so che dopo posso bermi una bottiglia di vino" o "Posso gestire i miei bambini perché so che dopo posso ritirarmi nel mio ufficio e rilassarmi giocando ai videogiochi per un paio d'ore."

Se non hai un valido strumento pratico per gestire lo stress, il tuo comportamento dipendente o compulsivo può sembrarti un salva-vita. La difficoltà sta nel fatto che alla fine ti stai rendendo dipendente e che stai diminuendo la tua consapevolezza e la tua capacità di gestire lo stress in un modo che potrebbe essere più produttivo per te.

Mi dà sollievo dal dolore fisico o emotivo. Se hai un dolore emotivo o fisico che non riesci a risolvere in altra maniera, è sensato che tu ricorra al tuo comportamento dipendente o compulsivo per avere sollievo, perché lo scopo della dipendenza è quello di non farti essere consapevole e presente con te stesso. È un modo per te di non esistere, almeno temporaneamente, avendo un po' di sollievo in questo stato di consapevolezza diminuita.

Comunque sia, il dolore fisico e quello emozionale sono segnali che ti indicano che c'è qualcosa di cui devi essere consapevole. Quindi, quando stai usando il tuo comportamento dipendente o compulsivo per avere sollievo da questo dolore, stai mettendo in pausa la tua consapevolezza. Può andare bene così per un po', ma in alcuni casi, ci sono cose di cui ti devi occupare e per le quali serve questa consapevolezza; e se non lo fai, potrebbero danneggiarti.

Mi aiuta a sentirmi più a mio agio nelle situazioni sociali. Forse bersi un cocktail o fumarsi uno spinello può farti sentire a tuo agio nelle situazioni sociali, e così interagisci meglio con le persone. Forse i farmaci contro il dolore che assumi per dormire bene ti permettono di uscire e goderti di più le persone. O probabilmente il cercare cosa ci sia di sbagliato nella vita delle persone e risolvere i loro problemi ti rilassa e ti permette di sentirti utile.

Sebbene tutto questo sembri avere senso, quando stai usando un comportamento dipendente o compulsivo per aiutarti a sentire più facilità, in verità stai eliminando la possibilità di usare gli strumenti o sviluppare le abilità che ti permetteranno di sentirti bene senza il comportamento dipendente.

Zittisce il chiacchiericcio mentale. Ti è mai sembrato di avere un comitato in testa? Che ogni volta che cerchi di prendere una decisione c'è una voce che dice così e un'altra che dice cosà? Molte persone usano il loro comportamento dipendente o compulsivo per interrompere il chiacchiericcio mentale. Sembra silenziare la mente e abbassare il volume delle voci contraddittorie.

Ma se questo è l'unico modo per farlo, ti rendi dipendente dal tuo comportamento dipendente o compulsivo, invece di avere la scelta di come ti piacerebbe gestire tutto questo.

Mi aiuta a ricevere. Ricevere significa abbassare le tue barriere, aprirti e permettere a qualcosa o a qualcuno di contribuirti. Alcune persone hanno avuto esperienze di vita così dolorose che hanno deciso di non potersi fidare degli altri, o che l'universo era contro di loro. Il loro modo di stare "al sicuro" è stato quello di eliminare il loro ricevere da chiunque o qualsiasi cosa, a parte la loro dipendenza. Ti diranno che ricevono amore, cura, conforto, supporto o rilassamento solo quando assumono il loro comportamento dipendente o compulsivo.

Se hai avuto delle esperienze difficili e abusive, anche tu potresti esser giunto alla conclusione che è pericoloso aprirsi e ricevere da qualcuno o qualcosa, tranne che dalla tua dipendenza. Questa è una conclusione comune e totalmente comprensibile, basata sull'esperienza vissuta.

Sfortunatamente, qualsiasi ricevere tu stia attualmente escludendo dalla tua vita, fa parte di ciò che ti mantiene nell'energia contratta della dipendenza, perché il tuo comportamento dipendente o compulsivo riguarda sempre il limitare le tue possibilità.

Decidere che non riceverai da niente e nessuno, eccetto il tuo comportamento dipendente o compulsivo, è come decidere di comprare tutto quello che ti serve nella vita solo nel negozietto sotto casa. Cominciando a fidarti di te stesso nel sapere che sai, troverai molto più semplice ricevere da fonti diverse piuttosto che dal tuo comportamento dipendente o compulsivo.

Elimina la mia consapevolezza. Potrebbe sembrare un grande sollievo eliminare la tua consapevolezza. Non devi avere a che fare con tutto ciò di cui sei consapevole. Non devi sapere cosa fare o come gestirlo. Se ci sono problemi nel tuo matrimonio, sei hai delle difficoltà finanziarie o legali, se un membro della famiglia sta abusando di te, o se il dolore del non adeguarsi sembra sopraffarti, allora eliminare la tua consapevolezza potrebbe sembrare l'unica soluzione possibile; e puoi assolutamente usare il tuo comportamento dipendente per farlo.

Sfortunatamente, non puoi eliminare la tua consapevolezza su una cosa senza eliminarla del tutto, quindi alla fine potresti ritrovarti a bloccare la tua consapevolezza su persone e situazioni che potrebbero danneggiarti. Questa è una delle ragioni per cui molte persone dipendenti si ritrovano in situazioni abusive: potresti eliminare la tua consapevolezza su qualcuno che ti ingannerà, o che ti ruberà qualcosa, che ti picchierà, ti abuserà e ti limiterà.

DONARE E RICEVERE*

Alla maggior parte di noi viene insegnato che la vita su questo pianeta riguarda il dare-e-prendere, questo-per-quello. Devi tenere il conto, cosicché se faccio qualcosa per te, tu dovrai fare qualcosa per me. Neghiamo la consapevolezza che una persona, nell'atto del donare, riceva attraverso il dono. E una persona che riceve un dono, dona attraverso il ricevere. Questo fenomeno viene chiamato la simultaneità del donare e del ricevere.

Come sarebbe se quando qualcuno ti fa un dono, fosse fatto nello spirito del vero donare? Non molte persone operano da questo spazio, ma alcune sì. E se ti permettessi di avere ed essere l'energia del ricevere quel dono, anziché pensare automaticamente: "Mi hanno fatto un regalo da 75€, ora io devo far loro un regalo da 75. Devo assicurarmi che il conto sia pari." Quest'idea ti limita in tantissimi modi.

Uno dei modi più immani in cui questa idea del dare-e-prendere ti limita è restringendo la tua abilità di ricevere ciò che viene donato. Se pensi che tutto ciò che gli altri ti regalano ti costerà qualcosa, sarà molto difficile per te uscire dal tuo comportamento dipendente o compulsivo, perché anche la tua dipendenza è basata sulla falsa idea del dare-e-prendere. Hai deciso che la tua dipendenza ti dà qualcosa -conforto o sollievo dal non adeguarti a questa realtà, o qualsiasi altra cosa - allo stesso tempo però sai che ciò ti costa. Potrebbe costarti il tuo rispetto per te stesso e potrebbe essere un'enorme distrazione dalla tua vita. Quando sei coinvolto dalla realtà del "dare-e-prendere" della dipendenza, pensi che per avere pace, sollievo, conforto e qualcosa di positivo nella tua vita, debba pagarla cara. Ma, una volta che andrai oltre la realtà del "dare-e-prendere" ed entrerai nella consapevolezza del Tutt'Uno, potrai essere e avere tutto senza che ti debba "costare" nulla.

Se ti permetti di entrare nell'energia del donare e ricevere, puoi ricevere da tutto, perché tutto è consapevole. Puoi ricevere dagli alberi, puoi ricevere dagli animali e puoi ricevere dalle persone intorno a te. Riesci a farti un'idea di come espanderebbe te e il tuo mondo essere aperto a questo genere di ricevere (e simultaneamente diminuire il potere della tua dipendenza)?

Al contrario di quanto possa sembrare, la tua disponibilità a ricevere crea "te stesso" come dono. Hai mai provato l'esperienza di dare a qualcuno un regalo che sapevi fosse quello giusto per la persona e ti sei sentito magnificamente quando l'ha ricevuto? Hai donato il regalo e simultaneamente hai ricevuto la gioia dell'altra persona nel riceverlo. E nel processo del ricevere, quella persona è diventata il dono per te.

Gli animali domestici spesso sono un grande esempio di cosa sia il dare e ricevere. Si donano a te semplicemente perché possono, e ricevono i tuoi doni senza considerare ciò che debbano fare per "ripagarti". Ecco cosa mi piacerebbe che iniziassi a fare anche tu: quando inizi a ricevere da tutto, dal cielo e dal sole, dal divano dove sei seduto, dai palazzi intorno a te, anche dal marciapiede, inizierai a capire che il tuo comportamento compulsivo o dipendente non è l'unica cosa che ti possa donare ciò che stai cercando.

In modo simile, l'arte, la letteratura, la musica e molte altre cose possono essere un dono incredibile per te. Guardare un quadro o leggere un libro è un contributo anche per il libro o il quadro stesso.

Di nuovo, si tratta della simultaneità del dare e ricevere.

C'è un altro aspetto importante del dare-e-prendere, e un'altra ragione per cui uscire da questo modo di operare; il dare-e-prendere è basato sul giudizio. Se stai giudicando cosa devi fare o cosa devi dare in cambio di un dono, non puoi essere nell'energia rilassata del ricevere. Questo è un modo in cui il giudizio distrugge ciò che è possibile per te. Per favore, lascia andare il giudizio associato al dare-e-prendere. Quando inizi a spostarti verso l'energia del donare e ricevere, troverai maggior facilità con il comportamento dipendente o compulsivo perché sarai disposto a ricevere da tutti e da tutto nell'intero universo, invece di relegare il tuo ricevere al tuo comportamento compulsivo o dipendente.

---

*"Donare e Ricevere" è un concetto di Access Consciousness®

Puoi anche eliminare la tua consapevolezza su tutto ciò che vorrebbe donarsi a te: l'Universo, la Terra, alcune persone e animali, e quindi sei bloccato in una realtà molto limitata e spesso arida.

Ho parlato dell'eliminare la tua consapevolezza perché questo è ciò che sembra facciamo quando ingaggiamo il nostro comportamento dipendente o compulsivo. Per molti di noi, questo è lo scopo del comportamento. Ma, è solo apparenza. Quando assumiamo qualsiasi comportamento dipendente o compulsivo, in realtà stiamo ricevendo tutto ciò di cui potremmo essere consapevoli e, a volte, in particolare con le droghe e con l'alcol, stiamo esponenzializzando queste consapevolezze. La difficoltà è che quest'ultime vengono immagazzinate nella corteccia sensoriale e, di conseguen-za, non sono più a nostra disposizione. Sfortunatamente queste consapevolezze possono ancora influenzarci, ecco perché a volte sperimentiamo reazioni strane, illogiche, che sembrano spuntare dal nulla con certe persone o in certe situazioni.

Mi permette di continuare a essere una vittima. Va detto qualcosa sull'essere una vittima. Per esempio, quando lo sei, non devi essere responsabile della tua vita. Non devi fare un passo in avanti, fare un'esigenza o intraprendere un'azione. Puoi essere pas-sivo e inattivo. Puoi trarre conforto dal sapere che qualsiasi cosa succeda nella tua vita, ha a che fare con qualcun altro o qualcos'al-tro e non con te. Non devi essere sbagliato.

La tua vita potrebbe esserti sembrata sopraffacente perché mai nessuno ti ha dato degli strumenti, delle informazioni o delle competenze per gestirla più facilmente. Sembra tu non possa cre-are una vita che ti funzioni. Quando è così che sembra andare la vita, scegliere di essere una vittima ti dà un po' di sollievo. Puoi dire: "Beh, sono la vittima dell'economia, dell'abuso della mia in-fanzia, dei miei geni, della mia dipendenza, o altro, quindi non sono responsabile di tutto questo." Lo capisco bene. Quando sei una vittima non devi avere a che fare con queste cose difficili.

Ma essere una vittima, ti funziona davvero? È veramente rea-le e vero per te? Ti invito a usare lo strumento leggero/pesante. Dì ad alta voce: "Sono una vittima della mia dipendenza o della mia vita" o qualsiasi cosa di cui tu abbia deciso sei vittima. È leggero o pesante?

Ogni volta che lo dico a me stessa, è talmente pesante che sprofondo nel pavimento. Ma, per favore, dillo a te stesso. Tu sai quel che sai.

Essere una vittima potrebbe essere stata la miglior scelta a tua disposizione per affrontare la vita a un certo punto, ma essere una vittima ti garantisce che non accederai mai a essere chi sei veramente. Ti condanna a una vita piccola, contratta.

Mi fa sentire al sicuro. Le persone spesso mi dicono che l'unico momento in cui si sentono al sicuro è quando stanno assumendo il loro comportamento dipendente. Sono come i bambini che si costruiscono un fortino fatto di vestiti e vi si nascondono con il loro orsacchiotto, con l'idea che nessuno li potrà pigliare. Potresti aver fatto anche tu una cosa del genere. Potresti esserti nascosto sotto il letto o cercato di nascondere il tuo corpo in un altro modo. O potresti aver nascosto te stesso, cosa che molti di noi hanno fatto. Nascondiamo chi siamo: questo è parte del processo dell'eliminare parti e pezzi di noi stessi.

Rimanere "piccoli" è atto a nascondersi e a trovare un modo per sentirsi al sicuro. È alquanto spaventoso accedere a chi davvero sei quando sei stato sminuito, punito o reso sbagliato per essere stato te stesso. Qualcosa che ti dia un senso di sicurezza o un posto dove rifugiarti (e quest'ultima potrebbe essere la tua dipendenza) sembra una cosa positiva.

Spesso le persone scelgono la dipendenza perché le aiuta a sentirsi al sicuro non essendo presenti. Non essere presenti nella nostra vita ci dà l'illusione che nulla di male possa accaderci, e anche se dovesse accadere, non saremo abbastanza presenti da dover avere a che fare con la forza travolgente dell'esperienza. Ma sfortunatamente è proprio il non essere presenti a renderti vittima di qualcosa o di qualcuno, perché elimini la tua consapevolezza delle situazioni potenzialmente pericolose. Ti rinchiudi in una specie di oblìo dove tendi a essere preso alla sprovvista.

L'unica vera sicurezza sta nella tua disponibilità a essere totalmente consapevole e a ricevere tutto quello che sta succedendo intorno a te, incluso tutto ciò che il tuo corpo sta cercando di dirti. So che sembra contro-intuitivo, eppure è vero. La sicurezza deriva dalla disponibilità a essere presente e consapevole.

Mi permette di punire me stesso per essere sbagliato. Se hai deciso che sei sbagliato, è molto logico punire te stesso. Da un lato ti dà il senso che sei nel giusto, riconoscendo che sei sbagliato e punendoti. Le persone con dipendenza spesso trovano il modo di essere giuste essendo sbagliate.

Ed essere sbagliato ti aiuta ad adeguarti a questa società. Tutti sono felici che tu sia sbagliato, perché così sei come loro; e sei controllabile. Essere sbagliato è anche un modo in cui molte persone pensano di trovare sicurezza. Hanno deciso che sono un bersaglio meno individuabile se sono sbagliate. In realtà è esattamente l'opposto, perché quando hai deciso che sei sbagliato, metti un'insegna energetica che dice che sei debole e vulnerabile, essendo così più facile essere un bersaglio.

Non molto tempo fa iniziai a lavorare con una donna che mi disse di avere una dipendenza da cocaina. Durante la nostra prima sessione le chiesi cosa le piacesse fare. Mi rispose che amava dipingere, ma che non s'era permessa di comprare nessun materiale per dipingere per mesi perché stava punendo se stessa per aver speso troppi soldi in cocaina. La prima cosa che le chiesi di fare fu di uscire e comprare il materiale di cui aveva bisogno e di iniziare a dipingere nuovamente. Lo fece e mi riportò che quando sollevò la punizione iniziò a trattarsi bene e iniziò a perdere immediatamente interesse per la cocaina.

Punire noi stessi è un ciclo auto-perpetuante: puniamo noi stessi per essere sbagliati, il che ci porta talmente tanta sofferenza da scegliere la dipendenza, quindi ci puniamo per avere la dipendenza, e poi usiamo la dipendenza per punire noi stessi per essere sbagliati.

È un modo per mantenere in piedi il sistema della mia famiglia. Ne ho parlato nel capitolo uno. La nostra famiglia potrebbe aver bisogno che tu abbia un comportamento dipendente o compulsivo per mantenere lo status quo nella famiglia. Molte famiglie hanno bisogno di un capro espiatorio. È quella persona alla quale tutti puntano il dito come fonte delle difficoltà familiari. Avere un capro espiatorio permette alle persone di sentirsi a posto nei confronti di se stesse. Non devono guardare i loro problemi. Mamma non deve capire quanto sia critica, papà non deve avere a che fare con la sua rabbia, mia sorella non deve vedere che ha disordini alimentari e nessuno deve avere a che fare con il fatto che nonno Giovanni sembra un po' troppo interessato a darsi da fare con i bambini. La persona che ha scelto la dipendenza, in particolare se si tratta di droga o alcol, spesso viene messa nel ruolo di capro espiatorio.

Ogni capro espiatorio sa, in un certo qual modo, che se interrompe il suo comportamento dipendente, l'intera famiglia cadrà a pezzi o gli si rivolterà contro. Ho visto accadere entrambi i casi. Potresti pensare di fare un favore alla famiglia mantenendo lo status quo energetico ed emozionale. Potresti vederlo come un contributo. Sai che puoi tollerare di essere un problema o essere il capro espiatorio, ma non sai se i membri che compongono la tua famiglia siano in grado di affrontare i loro problemi.

Per quanto possa sembrare credibile, se mantieni la tua dipendenza (e lo status quo della tua famiglia) non sarai mai in grado di essere il dono al mondo che in realtà sei. Se quello di sopra è l'esempio della tua famiglia, tutti i suoi componenti stanno vivendo una bugia ed essa non può portare a nulla di buono.

Andare Oltre il Giudizio che la Tua Dipendenza Sia Cattiva e Terribile

Inizi a capire alcuni dei modi in cui il tuo comportamento dipendente o compulsivo ti sia stato di contributo? Fin quando non sarai in grado di vedere ciò che è giusto della tua dipendenza, non sarai mai in grado di ripulirla. Non sarai mai in grado di andare oltre quel comportamento perché starai operando dalla bugia che non ha contribuito a nulla nella tua vita. Il tuo comportamento dipendente o compulsivo in realtà è stato un contributo. Potrebbe non essere stato il miglior modo di soddisfare i tuoi bisogni, ma se riesci a pensarlo come lo strumento migliore che avevi in quel momento, puoi iniziare a rimpiazzarlo con altri strumenti, e ad andare oltre.

Riconoscere ciò che è giusto della dipendenza è una parte essenziale di ciò che ti permetti di andare oltre. Una volta riconosciute tutte le cose che essa ha fatto per te, che sia stato superare lo stress, attenuare il dolore, darti conforto o un senso di sicurezza e facilità, puoi iniziare a scoprire altri modi per soddisfare questi bisogni.

Esercizio: Che cosa C'è di Giusto nella Tua Dipendenza Che Non Stai Cogliendo?

Allora, proprio ora, per favore, scrivi tutte le cose che sono giuste del tuo comportamento dipendente o compulsivo e tutti i modi in cui ha contribuito alla tua vita.

Mentre lo fai, potrebbero venir fuori alcune risposte che sembreranno imbarazzanti, strane o irrazionali. Per favore, non ignorarle. Scrivi tutto ciò che viene fuori. Anche in queste risposte ci sarà qualcosa d'importante da scoprire.

Dopo averle scritte, riguarda la tua lista. Cosa hai imparato del tuo comportamento dipendente o compulsivo? Scrivi anche questo.

Portare l'Esercizio Oltre... Alcune Cose Che Puoi Fare

A questo punto potresti pensare: "Capisco che ci sono alcune cose giuste della mia dipendenza, ma come può tutto questo cambiare qualcosa?"

Ecco alcune cose che puoi fare in questo momento per muovere il prossimo passo verso il cambiamento.

Trova un Po' di Gratitudine

Ora che hai scritto tutte le cose giuste della tua dipendenza, guarda se riesci a trovare gratitudine per le cose che ha fatto per te quando non avevi altro modo per soddisfare i tuoi bisogni, le tue necessità o i tuoi desideri. Tutti desideriamo conforto e agio, un senso di pace e di sicurezza, un modo per gestire lo stress e un senso che le cose possono andare bene nel mondo. Se la tua dipendenza è stato l'unico "luogo" in cui poter trovare tutto questo finora, ti ha dato uno scopo positivo nella tua vita. Ti ha dato un palliativo fin quando potessi trovare un altro modo per soddisfare quei bisogni e desideri. Sii grato per questo.

Chiedi: Che cos'altro Potrei Attuare Per Soddisfare Questo Bisogno?

Ti invito a prendere in considerazione altri modi per soddisfare i bisogni e i desideri che, finora, la tua dipendenza ha soddisfatto. Per esempio, se hai scoperto che il tuo comportamento dipendente o compulsivo è stato l'unico modo in cui eri disposto a ricevere conforto, inizia a cercare altri modi per averlo. Potresti prendere la prima risposta come soluzione. Ciò va bene, ma continua a farti la domanda perché ci saranno sempre più modi per dare a te stesso quel senso di benessere e sollievo.

Se lo shopping ti ha dato un senso di conforto, la tua prima risposta potrebbe essere cercare un altro comportamento dipendente che ti dia lo stesso conforto. Vedi se riesci a trovare altri modi per ottenere quel rilassamento e sollievo che desideri. Potrebbe essere l'aprirsi per davvero a un amico, ricevere da un animale, o darti il piacere di una lunga camminata nella natura, un bel bagno caldo, o un massaggio. Continua a fare domande riguardo che cos'altro potrebbe funzionare per te. Ricorda, non stai cercando "La Risposta" che risolverà tutto. Ciò che ti dà conforto un giorno potrebbe essere diverso da ciò che te lo dà il giorno dopo.

O metti che hai scoperto che una delle grandi cose che il tuo comportamento dipendente o compulsivo ti ha dato è stato sollievo dallo stress. Che cos'altro potresti fare per avere sollievo dallo stress? Farti una corsettina, nuotare, una tazza di tè, o prenderti una pausa da ciò che stai facendo? Anche qualcosa come l'esercizio "L'Evento Bugia" potrebbe darti sollievo dallo stress perché uno dei grandi problemi dello stress è basato sulle bugie che derivano dalle decisioni, dai giudizi e dalle conclusioni che hai fatto.

Ecco una nota interessante riguardo lo stress: a volte ci hanno detto che una situazione debba essere stressante, quindi noi creiamo stress per accordarci al modo in cui pensiamo di dover rispondere a essa. Per esempio, la morte di una persona amata è stressante per molte persone, ma per altre non lo è. Potrebbe essere un sollievo, perché potrebbero trovare in essa un senso di pace. Eppure, non permetteranno a se stessi di avere la loro personalissima risposta alla morte del loro amato. Inventeranno lo stress che pensano debbano avere. Potrebbero anche prendere su di sé lo stress di tutte le persone intorno a loro.

Se hai una risposta di stress a qualsiasi situazione, potresti chiedere: "A chi appartiene?" e "Sto rispondendo nel modo in cui ho deciso debba rispondere, invece di rispondere nel modo che in realtà è vero per me?"

Chiedi: Questo Bisogno, È Davvero una Verità, o È una Bugia?

A volte, ciò che è mascherato da bisogno, in realtà è una bugia. Per esempio, supponiamo che tu stia usando il tuo comportamento dipendente per aiutarti a rimanere una vittima. Non hai bisogno di trovare un altro modo per esserlo. È molto più utile riconoscere che essere una vittima non è la verità di chi sei.

Un altro esempio di una bugia potrebbe essere il bisogno di punire te stesso per il fatto di essere sbagliato. Se lasci andare la punizione e ti tratti con gentilezza e premura, probabilmente scoprirai che ti aiuterà moltissimo ad allontanarti dal tuo comportamento dipendente o compulsivo.

Quindi, in aggiunta alla domanda: "Che cos'altro potrei attuare per prendermi cura di questo bisogno?" puoi rileggere la lista di cose che sono giuste riguardo la tua dipendenza e chiedere: "Questo bisogno è davvero una verità o è una bugia?". Se è una bugia, semplicemente riconoscila e lasciala andare. Non avrai più bisogno di averci ancora a che fare . Ti incoraggio a porti queste domande quotidianamente perché ogni volta che lo fai, cambierai la tua consapevolezza. E non dimenticarti di usare lo strumento leggero/pesante!

Ti raccomando caldamente di scrivere le tue risposte ogni volta che ti fai queste domande. In questo modo vedrai come stai creando il cambiamento.

Capitolo Quattro

Poni Fine al Giudizio e Porrai Fine alla Dipendenza

Il giudizio è il fondamento di tutte le società,
E rappresenta una parte enorme di ciò che
mantiene in essere la tua dipendenza.

In questo capitolo, ti parlerò del giudizio e della sua relazione con la dipendenza.

Potresti chiederti: "Giudizio? Cosa c'entra il giudizio con la dipendenza?"

La risposta è "Assolutamente tutto."

O potresti anche chiederti: "Cosa intendi quando dici, "Poni fine al giudizio e porrai fine alla dipendenza?" Lo fai sembrare facile."

La verità è che, per molte persone, porre fine al giudizio non è né facile né semplice. Il giudizio forma le fondamenta di tutte le società e di tutte le culture. Fin da quando siamo giovani ci è stato insegnato "questo è giusto", "quello è sbagliato", "sei una brava bambina", "sei un cattivo ragazzo". Giudizi di questo genere ci accompagnano per tutta la vita. C'è un modo in cui dovremmo apparire e un modo in cui non dovremmo apparire; un modo in cui dovremmo parlare e un modo in cui non dovremmo parlare; cose che dovremmo fare e cose che non dovremmo fare. E questo è solo l'inizio dei modi in cui il giudizio permea le nostre vite.

Man mano che cresciamo, il giudizio assume varie forme e sfumature. Ci imbattiamo nei giudizi provenienti dalla nostra famiglia, dai nostri amici, dalla nostra cultura, dalla nostra religione, dai nostri colleghi, dai nostri datori di lavoro e dai nostri vicini. Spesso ci allineiamo e ci accordiamo con questi giudizi e cerchiamo di adeguarci a ciò che ci è stato detto sia "giusto", in modo da poter giocare lo stesso gioco con le stesse regole. E in questo processo sminuiamo noi stessi. Raramente siamo consapevoli di averlo fatto, perché non è sempre facile riconoscere i giudizi per quel che sono. A volte possono essere molto subdoli.

O magari non ci allineiamo e accordiamo con i giudizi che ci vengono rivolti. Alcuni di noi iniziano a porre resistenza e reagiscono a questi giudizi, e vi si ribellano. Cerchiamo attivamente di non fare ciò che è "Giusto" e cerchiamo di adeguare noi stessi a ruoli e comportamenti che non sono socialmente accettabili. In entrambi i casi, ci aggrappiamo a quei giudizi, li rendiamo importanti e così facendo perdiamo parte di noi stessi.

Qual è la Differenza tra Giudizio e Consapevolezza?

Potrebbe esserti più chiaro ciò che è il giudizio se lo mettessi a confronto con la consapevolezza. Potrei dire: "È una bellissima giornata" o "Quel cane sembra malato", e potresti chiederti se stia esprimendo un giudizio o una consapevolezza. Questo perché posso dire le stesse parole con giudizio o con consapevolezza. Quindi, come riesci a distinguerle?

Quando esprimi una consapevolezza, non c'è una carica energetica: non percepisci un senso di "buono" o "cattivo". Stai semplicemente riconoscendo ciò che è. Quando esprimi un giudizio, c'è una carica. Ricevi una sensazione dalla frase. Può essere una sensazione positiva o negativa, ma in entrambi i casi, generalmente è una sensazione forte.

Il Giudizio È Sempre Arbitrario

C'è un altro punto chiave riguardo il giudizio: non ha nulla a che fare con ciò che è vero o reale. È sempre basato su un punto di vista arbitrario. È un preconcetto personale, una credenza o un'opinione. Cent'anni fa, molte persone negli Stati Uniti d'America erano concordi con il detto "Chi ben ama, ben castiga". In altre parole, se non picchiavi tuo figlio, non eri un bravo genitore. Era un giudizio. Oggigiorno queste persone verrebbero arrestate per abuso su minori. Su che cos'era basato il giudizio che i bambini andassero picchiati? Su nulla! Era solo un'idea arbitraria alla quale le persone si erano accordate.

In America, sempre nello stesso periodo, le donne non avevano diritto di voto. Anche le persone di colore e i gruppi etnici di minoranza non avevano gli stessi diritti di chiunque altro. Tutte quelle persone venivano giudicate (e a volte ancora lo sono) come inferiori, sbagliate, deviate o immeritevoli. Di nuovo, tutto ciò è arbitrario. I giudizi non riguardano mai la verità, ma noi ce li beviamo come se lo fossero. E, dal momento che sono accettati dalla maggior parte delle persone intorno a noi, spesso è difficile riconoscerli per quel che sono realmente.

Sono cresciuta in una famiglia accademica del nord est degli Stati Uniti d'America, quella parte improntata sulle gloriose, vecchie istituzioni accademiche come Princeton, Harvard e Yale. Mio padre era un professore e scienziato di una di queste università.

C'erano molti giudizi nella nostra famiglia e nella nostra città sul fatto che l'unica cosa importante fosse il tuo Q.I. e i conseguimenti accademici. Era credenza comune che solo le persone con un intelletto inferiore alla media si mettessero in affari. Nessuno avrebbe avviato un'attività, a meno che non ce l'avesse fatta nel mondo accademico, perché essere un accademico era l'unica cosa che valesse la pena fare. Non c'era assolutamente allowance* per le persone che seguivano i loro personalissimi interessi, talenti e abilità.

Era incredibilmente riduttivo e non c'è bisogno che ti dica che raccolsi un sacco di giudizi sul discorso accademico, ma non me ne resi conto fin quando non attraversai il paese per arrivare in Texas, anch'esso con giudizi limitanti, contratti e omologati, ma in maniera totalmente diversa. In Texas interessava a poche persone della tua attitudine scolastica o dove fossi andato a scuola. Per molti, tutto era incentrato sullo sport. Spesso un'intera città si svuotava per una partita di calcio liceale. Era ciò che a loro interessava. Quello era importante, corretto e significativo. E se eri una donna, l'importante era essere appariscente. Il Texas è uno stato in cui : "se ce l'hai, sbandierala!"

Nessuno dei giudizi delle persone del Nord Est o del Texas incoraggiavano gli individui a riconoscere e sviluppare le loro abilità e talenti unici, e a seguire la direzione dove essi li avrebbero portati. Non sto dicendo che in quelle aree non ci siano persone che non vanno contro i giudizi accettati come corretti o di valore; però molte persone ricevono critiche negative per le scelte che fanno perché contraddicono ciò che la maggioranza ha deciso sia importante.

Ci beviamo i giudizi come veri e reali al punto che non facciamo domande per diventare consapevoli di altre possibilità.

---

*"Allowance" è un concetto di Access Consciousness® e indica che qualsiasi cosa è un interessante punto di vista

Se la società dice che la priorità numero uno dovrebbe essere la famiglia, allora diventa difficile per gli individui, che di natura sono imprenditoriali o artistici, sentirsi liberi di rendere la loro arte o il loro business la priorità nella loro vita.

È necessario un impegno concentrato per scovare i giudizi che ci siamo bevuti. A volte sono talmente radicati e pervasivi che sono quasi impercettibili, finché non si inizia a cercarli attivamente.

Esercizio: Quale Giudizio Non Riconosciuto Ti Sei Bevuto?

Ecco un esercizio che puoi fare per iniziare a scoprire i giudizi non riconosciuti che potresti aver fatto tuoi. Usando le categorie e le domande indicate qui sotto, scrivi alcuni giudizi che hai preso dalla tua cultura, dalla tua famiglia di origine, dai posti in cui hai vissuto, o dal Paese in cui sei cresciuto. Io la chiamo eredità. Poni a te stesso domande come:

* Cosa credeva la mia famiglia (o le persone attorno a me) riguardo:

LE PERSONE RICCHE	LE PERSONE POVERE
LE DONNE	GLI UOMINI
LA POLITICA	LA RELIGIONE
I SOLDI	L'EDUCAZIONE
IL MATRIMONIO	CRESCERE BAMBINI
IL CIBO	I CORPI
LA DIPENDENZA	LA COSA PIÙ IMPORTANTE NELLA VITA

* Mi sto ancora portando dietro qualcuna di queste credenze?
* Questi giudizi e queste credenze sono veri per me?

Le cose che sperimentiamo e le cose che ci hanno insegnato e detto mentre crescevamo spesso non ci sembrano strane, inaccurate o oltraggiose, anche se lo sono. Ci sembrano normali perché siamo abituati a esse. È quello che sappiamo. Fare questo esercizio può darti tantissima libertà perché è facile confondere e scambiare come veri i giudizi che assorbiamo da bambini. Se ti bevi questi giudizi come verità, e non ti risuonano, allora devi iniziare a renderti sbagliato e questo conduce alla creazione del tuo comportamento dipendente o compulsivo.

Esercizio: Una Volta in cui Sei Stato Giudicato

Ecco un altro esercizio da fare con il giudizio. Ti chiederei di ricordarti due volte distinte in cui sei stato giudicato e poi ti chiederei di dare un'occhiata all'energia di quei giudizi e a qualunque decisione tu possa aver preso su te stesso come risposta.

Una Volta in cui Sei Stato Giudicato Sbagliato

Il primo passo è pensare a una volta in cui sei stato giudicato sbagliato.

Feci questo esercizio con una cliente che chiamerò Barbara. Si ricordò un momento di quando aveva nove anni. Era in campeggio con la sua famiglia al Glacier National Park. Un giorno piovoso, i suoi genitori la portarono in un posto che vendeva generi alimentari, hot dog e hamburger, e passarono molto tempo lì dentro. Barbara pensava che tutto andasse bene: scorrazzava, parlava con tutti e si divertiva molto. A un certo punto notò che i suoi genitori stavano cercando di "braccarla", ma lei non lo capì. Il suo punto di vista era: "È divertente, perché non corrono e ridono tutti ?"

Quando tornarono al campeggio, i genitori la rimproverarono per essere stata rumorosa e aver disturbato le altre persone. Questo fu uno dei tanti incidenti che Barbara ha ricordato in cui è stata duramente giudicata e resa sbagliata per la sua esuberanza, per arrivare infine a credere a questi giudizi ed eliminare quella parte di sé. Divenne più seria e bloccò se stessa ogni volta che si sentiva euforica e spensierata.

Quando Barbara ricordò quel campeggio la prima volta, avvertì una sensazione estremamente pesante. Capì di essersi bevuta il giudizio dei suoi genitori (e la bugia in esso contenuta, ovvero che era sbagliata) che iniziò quel processo di spegnimento della sua natura estroversa e del suo interesse verso le altre persone. Individuata la verità di quel giudizio, le cose per lei si alleggerirono.

Ora, pensa a quella volta in cui sei stato giudicato sbagliato e scrivi le risposte alle seguenti domande:

- Che cosa avevi fatto (o non avevi fatto)?
- Dove eri?
- Che cosa fu fatto o detto per farti sapere che stavi essendo giudicato?
- Hai reso tuo il giudizio come se fosse vero?
- Ti sei allineato e accordato con il giudizio, o hai resistito e reagito a esso?
- Ti sei giudicato in qualche modo?
- In qualche modo, hai cambiato te stesso?
- Ti sei sminuito?

Una Volta in cui Sei Stato Giudicato in Maniera Positiva

Il secondo passo di questo esercizio è pensare a una volta in cui sei stato giudicato in maniera positiva. Molte persone vedono il giudizio positivo come una cosa buona, ma non è sempre così; esso può essere molto limitante. Un giudizio è un giudizio.

Ecco un esempio che spiega cosa intendo. Quando avevo circa dieci anni portai a casa una pagella con tutti 10 e i miei genitori mi dissero: "Sei fantastica! Sei intelligente! Hai fatto un ottimo lavoro!"

La mia reazione fu: "Wow, se voglio altri complimenti del genere, devo assicurarmi di compiacere tutti e fare qualsiasi cosa dicano gli insegnanti, così prenderò tutti 10."

Scegliendo di compiacere gli insegnanti per avere ancora più i complimenti e giudizi positivi che desideravo, eliminai la consapevolezza che alcuni di essi erano francamente degli idioti e che non stavo onorando me stessa nel fare tutto ciò che mi dicevano avrei dovuto fare e avrei dovuto essere.

Ecco un altro esempio di come un giudizio positivo può essere limitante: attualmente sto lavorando con una cliente che è sbalorditivamente bella. È anche creativa e gentile. Lavora bene con gli animali, scrive benissimo e ha un talento artistico. Ma a causa del suo bell'aspetto (l'unica cosa per cui veniva riconosciuta), dovette eliminare la consapevolezza di tutte le altre parti di chi era in realtà. Passò tantissimo tempo assicurandosi che tutto ciò che riguarda la sua apparenza fosse perfetto. Questo divenne il suo obiettivo nella vita. Non ha apprezzato o sviluppato quelle parti di sé stessa che non erano state giudicate positivamente. Ci stiamo lavorando, ma ancora non riesce a vedere che Essere stupendo sia oltre la sua apparenza.

Ora, pensa a una volta in cui hai ricevuto un giudizio positivo dai tuoi genitori, o da un'altra figura autoritaria, e scrivi le risposte a queste domande:

- Che cosa è stato giudicato positivamente di te?
- Quale giudizio ti era stato dato?
- Chi te l'ha dato?

- Ti sei allineato e accordato con il giudizio o hai resistito e reagito a esso?
- Che cosa hai deciso di te stesso come risultato del giudizio?
- Quella decisione ti ha sminuito o limitato in qualche modo?

L'Energia del Giudizio/L'Energia della Dipendenza

I giudizi, positivi o negativi, ci preparano a effettuare le scelte che portano alla dipendenza. Questo succede perché eliminano la nostra consapevolezza di chi in realtà siamo e di ciò che è possibile per noi. Ogni volta che crediamo a un giudizio su noi stessi prendendolo per vero, sminuiamo noi stessi. Diventiamo limitati da quel giudizio. Se ci viene detto che siamo bellissimi o intelligenti, o stupidi, e ce lo beviamo, quel giudizio è l'unico modo in cui ci identifichiamo. Potremmo essere dei geni in matematica o degli scrittori dotati. Potremmo essere diabolicamente divertenti o incredibilmente intuitivi, ma questi aspetti vengono ignorati per dare spazio solo al come noi vediamo noi stessi. Il giudizio tende a far vedere le persone "in bianco e nero" e le chiude in piccole scatole. Ci rimpicciolisce, e l'Essere complesso e multi-sfaccettato che siamo viene riassunto in poche parole. Quando ci beviamo il giudizio abbiamo una visione di noi stessi inferiore a quanto siamo in realtà. E quella diventa la nostra realtà.

Ricordi la cliente che era ossessionata dalla sua apparenza? Venne a trovarmi perché era preoccupata del fatto che bevesse. Fin quando non sarà in grado di vedersi più accuratamente, l'alcol rimarrà un problema. Quando tagliamo così tanti pezzi di noi, abbiamo bisogno di una qualche forma di comportamento dipendente o compulsivo per gestire il dolore.

Il giudizio ci conduce alla dipendenza perché ci allontana da ciò che in realtà sappiamo essere vero di noi stessi. Non ci permettiamo in verità di esistere come gli Esseri che siamo. È come se diventassimo un cartone animato o una linea da disegno di noi stessi in versione ultra-semplificata. E da questo punto è molto facile andare verso l'energia della dipendenza, che è quello spazio in cui noi non esistiamo.

Giudicare Te Stesso e il Tuo Comportamento Dipendente o Compulsivo

L'energia della dipendenza e l'energia del giudizio lavorano assieme anche in un altro modo. Quando assumi il tuo comportamento dipendente o compulsivo probabilmente inizierai a giudicarti in molti modi, dicendoti cose del tipo: "Non riesco a gestire bene la vita. Dovrei essere in grado di interrompere questo comportamento. Sono debole. Sto ferendo quelli che mi vogliono bene."

Le persone credono che giudicare il proprio comportamento dipendente o compulsivo le aiuti a tenerlo sotto controllo. In realtà è esattamente l'opposto. Giudicare il tuo comportamento lo rafforza soltanto. Diventa un circolo vizioso: l'auto giudizio conduce al comportamento dipendente o compulsivo, e il comportamento dipendente o compulsivo conduce all'auto giudizio, e così via.

So che sembra contrario a ciò che ti aspetteresti, ma se lasci andare il giudizio sul tuo comportamento dipendente o compulsivo crei uno spazio dove esso può cambiare. Hai mai notato che quando cerchi di controllare una persona o una situazione, ti diventa molto difficile e la persona o la situazione non si smuove? Se invece lasci andare il controllo, apri le cose e il cambiamento può avvenire, perché non hai più aspettative sul risultato. Non stai pensando: "Devo fare questo. Devo ottenere questo risultato." Questo è, veramente, solo un altro giudizio. Non ha nulla a che fare con l'essere consapevole.

Spostarsi dal Giudizio alla Consapevolezza

Ciò che puoi fare è smettere di avere delle aspettative sul risultato. Spostati dal giudizio alla consapevolezza. Più sarai in grado di farlo e più sarà facile allontanarti dal tuo comportamento dipendente o compulsivo. Recentemente ho lavorato con un uomo che mi disse di avere un vero problema col gioco d'azzardo. Stava cercando di smettere del tutto. "Ogni volta che esco la sera ho la pulsione di piazzare una scommessa" mi disse. Continuo a pensare: "Devo piazzare una scommessa, devo piazzare una scommessa." Non riesco a smettere di pensarci. Mi rovina le serate.

Gli chiesi: "Come sarebbe se non giudicassi il tuo desiderio di piazzare una scommessa? Come sarebbe se semplicemente andassi avanti e la piazzassi con consapevolezza totale?"

Mi rispose: "Beh, non so. Probabilmente continuerei a piazzare una scommessa dopo l'altra."

Gli dissi: "La prossima volta che esci, perché non piazzi una scommessa e non ti giudichi? Non creare giudizi basati sul passato riguardo ciò che succederà se piazzi una scommessa. Semplicemente piazzala, sii presente con essa, sii consapevole e vedi cosa succede."

Tornò la settimana successiva e mi disse: "Durante il weekend sono andato alle corse con alcuni amici. Ho piazzato una scommessa e non mi sono giudicato per averlo fatto. Mi sono reso conto che non ne volevo piazzare un'altra. Stavo scommettendo solo per far parte del gruppo. Non mi è neanche piaciuto veramente. È stato fantastico!"

La sua scelta di essere consapevole piuttosto che giudicare creò un risultato completamente diverso per lui.

Il Giudizio Esclude la Consapevolezza

Il giudizio riguarda sempre l'escludere le cose. "Questo è giusto. Questo è sbagliato e io non voglio avere l'erroneità o la cattiveria nella mia vita." L'esclusione crea una visione distorta di quanto stia realmente accadendo. E potrebbe anche essere che qualcosa che hai giudicato sbagliato e cattivo, in realtà sia un enorme contributo alla tua vita (ma non potrà mai esserlo perché l'hai escluso).

Ti faccio un esempio estremo di ciò che intendo con esclusione. Qualche tempo fa stavo guardando uno spettacolo in tv sul movimento neo-nazista in America. È un piccolo movimento di persone che credono che solo alle persone etero e bianche dovrebbe essere permesso vivere negli Stati Uniti d'America. Attaccano e molestano gli ebrei, gli afro-americani, gli omosessuali, gli americani asiatici, i sud americani, gli americani arabi, i nativi americani e chiunque abbia una religione o una visione politica diversa dalla loro. A causa del modo in cui escludono con i loro giudizi, i neo-nazisti impediscono a loro stessi di essere consapevoli di tutte le straordinarie diversità e contributi che questi gruppi hanno da offrire. Il loro mondo è molto contratto, limitato e barricato.

Spesso, quando parlo di non escludere nulla, le persone mi dicono: "Ma Marilyn, ci sono alcune cose terribili che assolutamente non voglio nella mia vita! Per esempio, non voglio quei pazzi neo-nazisti da nessuna parte intorno a me!"

Mi piacerebbe far notare un punto importante qui: non escludere non significa che tu debba scegliere tutto. Significa che non escludi le cose dalla tua consapevolezza. Il mio universo include quei neo-nazisti, ma non scelgo il loro modo. A ogni modo, comunque, scelgo la consapevolezza che loro esistono. Non escluderli dalla mia consapevolezza mi rende meno soggetta a essere l'effetto del loro modo di pensare. Sono consapevole del neo-nazismo e non lo scelgo.

Escludere cose ti mette in una posizione di vulnerabilità, perché hai escluso alcune idee, alcuni Esseri, alcuni eventi e alcune possibilità. Quando escludi cose non impedisci loro di avere un effetto su di te. Ciò che fai è soltanto escludere la consapevolezza che ti farà sapere quando queste cose avranno un impatto su di te.

Quando escludi qualcosa puoi essere pugnalato alle spalle dalla stessa. Per esempio, la frase: "Vivo in una zona perfettamente sicura. Niente mi potrà mai accadere qui." è un giudizio. Un giorno esci e vieni rapinato e ti chiedi: "Ma com'è possibile?" La rapina non è semplicemente successa; tu hai creato la possibilità che accadesse quando hai eliminato la tua consapevolezza. Hai giudicato di vivere in una zona perfettamente sicura e hai escluso la consapevolezza che potevano esserci delle difficoltà. Non sto dicendo di diventare paranoici. Riguarda il potenziare te stesso a riconoscere quello che sai, diventandone consapevole, anziché eliminare la tua consapevolezza con il giudizio.

LA FRASE DI PULIZIA DI ACCESS CONSCIOUSNESS®

Da quando ho iniziato a usare gli strumenti di Access Consciousness® nel mio lavoro con i clienti che presentavano dipendenze, ho notato che sono iniziati a migliorare più velocemente. Parte di questo è dato dalla natura degli strumenti. Per esempio, una volta che afferri l'idea di "A chi appartiene?" e sai che la maggior parte dei sentimenti, pensieri ed emozioni non ti appartengono, liberi un sacco di energia che stai usando per cercare di aggiustare qualcosa che non era tuo fin dall'inizio. E una volta che ci prendi la mano con "leggero o pesante", non perdi tanto tempo cercando di capire le cose.

Uno degli strumenti che più di tutti cambia dinamicamente le cose per le persone è la frase di pulizia di Access Consciousness®. Permettimi di descriverti brevemente come funziona. Quando ti pongo una domanda, o quando ti poni una domanda, sale un'energia. Per esempio, se chiedo: "Com'era la tua famiglia quando eri un bambino?" noterai che viene su un'energia. Non hai bisogno di aggiungere delle parole all'energia. Puoi semplicemente esserne consapevole e permetterle che ci sia. Spesso le energie che salgono sono contratte perché rappresentano i giudizi che hai creato su te stesso e sugli eventi della tua vita. È molto utile ripulirle. Ed è qui che entra in gioco la frase di pulizia di Access Consciousness®:

Tutto ciò che è, per dioziliardi, lo distruggerai e s-creerai? Giusto e sbagliato, bene e male, POD e POC, tutti e 9, shorts, boys e beyonds.®

La frase di pulizia di base è un'abbreviazione che ti permette di ripulire l'energia cosicché tu possa andare avanti. Il dottor Dain Heer di Access Consciousness® l'ha descritta una volta come un'aspirapolvere cosmica. Fa "sluuuuuup" e tutte le limitazioni che l'energia rappresenta vanno via.

La frase di pulizia è uno strumento altamente utile quando hai a che fare con la dipendenza. Se vuoi avere altre informazioni visita www.theclearingstatement.com

Ecco un altro esempio che potrebbe aiutarti a capire l'esclusione: immagina di andare in un negozio di alimentari. Mentre cammini tra gli scaffali tutti gli articoli del negozio sono inclusi nella tua consapevolezza. Riesci a vedere tutto in technicolor. Chiaramente non comprerai tutto quello che è presente nel negozio, ma vedi tutto. Questa è inclusione; questa è consapevolezza. Esclusione sarebbe mettere i paraocchi che ti impediscono di vedere tutti gli articoli che hai deciso che non ti piacciono o che non comprerai. Quelle cose sarebbero comunque lì, ma non ti sarebbero visibili. Capisci come questo limiterebbe la tua consapevolezza? In realtà potrebbe esserci qualcosa che sceglieresti di aggiungere al tuo carrello se non avessi eliminato quella possibilità.

Per favore, non escludere. E sappi che includere tutto nella tua consapevolezza non significa che devi sceglierlo. Significa semplicemente che sei consapevole della sua esistenza. E non è sempre meglio essere consapevole?

Quando dal giudizio e dall'esclusione ti sposti nella consapevolezza e nella domanda, puoi iniziare a cambiare le cose e l'energia. Questo è ciò che cerchiamo di fare: smuovere l'energia, liberarla da quegli spazi bloccati e contratti della dipendenza e da quegli spazi bloccati e contratti del giudizio, che sono più o meno la stessa cosa.*

Il giudizio è un soggetto talmente vasto che ne parlerò anche nel prossimo capitolo. Analizzeremo la forma distruttiva dell'auto-giudizio che le persone con dipendenza assumono e di come puoi inizare a uscire dalla follia del giudicare te stesso, la tua vita e il tuo comportamento, per spostarti in uno spazio di maggior consapevolezza e possibilità.

---

*In questo capitolo ho parlato di alcuni modi comuni in cui il giudizio si mostra rapportato alla dipendenza. Il giudizio assume anche forme meno evidenti e se stai scegliendo di lasciarlo andare sarà utile identificare modi più subdoli in cui il giudizio appare nella tua vita. Ulteriori informazioni su queste diverse forme di giudizio le puoi trovare nell'Appendice alla fine del libro.

CAPITOLO CINQUE

La Dipendenza Principale: Il Giudizio dell'Erroneità di Te

*Alla base di ogni dipendenza da alcol, sesso o qualsiasi
altra dipendenza tu possa avere, giace la dipendenza
primaria: il giudizio dell'erroneità di te.*

In questo capitolo mi piacerebbe parlarti di una forma di giudizio particolarmente insidiosa e distruttiva che le persone con dipendenza adottano. La chiamo l'erroneità di te. È una forma di auto-giudizio compulsivo e continuo di quanto tu sia sbagliato, cattivo o inferiore. Anche le dipendenze culturalmente approvate come lo stacanovismo o il perfezionismo hanno come base l'essere intrinsecamente sbagliati. Qualsiasi cosa succeda o qualsiasi cosa chiunque dica o faccia; vai automaticamente nel giudizio di quanto tu sia sbagliato. È una posizione di *default*, una presa di posizione che assumi abitualmente e che preclude ogni altra alternativa.

Questo modello viene creato molto presto. È il risultato del ripetere ai bambini piccoli, verbalmente o energeticamente che essi non contano veramente. Sono in qualche modo sbagliati o cattivi, non si adeguano, non capiscono o devono cambiare. Molti genitori decidono che sia una gentilezza verso i figli modellarli in qualcuno che si adeguerà a ciò che viene considerato normale. Sfortunatamente, essere "normali" di solito ha un prezzo: reprimere o negare tutto ciò che è diverso e unico.

Voglio illustrarti quello che può sembrare un esempio folle di che aspetto assuma giudicarti sbagliato, ma per favore, sentine l'energia. Immagina un giovane cardellino. A questo viene detto fin dall'inizio della sua vita: "Sei un cardellino e se vuoi essere un buon cardellino, devi fare tutto ciò che gli altri cardellini della tua famiglia fanno. Devi appoggiarti a questo ramo. Devi cantare in questa tonalità. E vogliamo che ti assicuri di avere il giusto numero di piume." All'improvviso questo bellissimo piccolo cardellino, anziché essere il cardellino che è, prova a essere il cardellino che dovrebbe essere. Si appoggia al suo ramo, guarda gli altri cardellini e dice: "Quel cardellino ha 497 piume e io ne ho solo 362. Cosa c'è di sbagliato in me? Come faccio a farmi crescere altre piume? Quel cardellino sta cantando in una tonalità diversa rispetto alla mia. Ovviamente la mia voce non va bene. Devo copiare la voce di quel cardellino. Non penso di sbattere le mie ali nel modo giusto e, non solo, sono sull'albero sbagliato. Tutti gli altri cardellini sono posati su un abete, io sono su una quercia. Oh, che cos'altro ho sbagliato? Che cosa mi ci vorrebbe per adeguarmi ed essere il cardellino che mi hanno detto di dover essere?"

Riesci a immaginare un uccellino che accumula tutti quei giudizi su se stesso? Il peso della sua erroneità sarebbe così grosso che probabilmente cadrebbe dall'albero e morirebbe! O potrebbe iniziare a cercare un posto dove rifugiarsi, in modo da non dover sentire il dolore dell'essere così completamente sbagliato.

Non è fantastico che gli uccelli non si giudichino? Ognuno si mostra sull'albero che ha scelto, con il numero di piume che ha e canta nella sua tonalità, nella sua magnificenza individuale, senza soccombere al giudizio. Hanno la gioiosa esuberanza che deriva dall'essere chi in realtà sono. E questo è possibile anche per te. Ci sono, però, così tante imposizioni mirate a farci adeguare a un modello, che non è facile per noi uscire dalla sensazione di essere sbagliati.

Un altro elemento che ci insegna che siamo sbagliati proviene dal nostro innato egocentrismo. I bambini nascono credendo di essere il centro dell'universo (e questa è una cosa buona). Se non avessero questa credenza direbbero: "Mamma è depressa e papà è arrabbiato. Penso che non chiederò nulla per i prossimi due giorni." E questo non funzionerebbe. I bambini devono essere egocentrici perché non hanno la capacità di soddisfare i loro bisogni così come fanno gli adulti. E parte dell'essere egocentrici è la deduzione che tutto ciò che succede nel loro universo riguarda se stessi e che ne sono la causa. Quindi i bambini concludono che se qualcuno è arrabbiato è colpa loro. Se Mamma e Papà stanno bisticciando è colpa loro. Se Mamma è triste, devono essere stati cattivi.

Una mia cliente mi raccontò che fin da quando era bambina aveva la sensazione di essere dovuta entrare in questa vita per cambiare le cose della sua famiglia e fare la differenza per loro. Quando arrivò ai quattro anni si rese conto che non sarebbe stata in grado di farlo. Nessuno nella sua famiglia intendeva cambiare nulla e per lei, visto il piccolo Essere egocentrico che era, questo significava aver fallito. Era colpa sua se le persone intorno a lei erano tristi e nessuno sarebbe cambiato. Ricordò chiaramente un giorno in cui, seduta in macchina con sua madre, suo padre e la sua sorella maggiore, pensò: "Wow, che errore ho fatto a venire qui. Pensavo di poter fare la differenza. Come ho fatto a sbagliarmi così tanto?"

La Dipendenza Principale

La mia supposizione è che se hai una qualsiasi forma di dipendenza, entri nell'erroneità di te stesso. Non ho mai trovato nessuno che avesse un qualsiasi comportamento dipendente o compulsivo senza prima avere una dipendenza alla propria erroneità. Si mostra diversamente per ogni persona ma, indipendentemente dal suo aspetto, è sempre basata sul giudizio di se stessi. Senza esserne pienamente consapevole, continui a ricadere nell'erroneità di te. Ti giudichi sbagliato e cattivo, compulsivamente e continuamente.

La dipendenza all'erroneità di te è in realtà la tua dipendenza primaria. Ed essa ti conduce verso la tua dipendenza secondaria: il bere, il fumare, l'uso di droga, le scommesse, eccetera. La dipendenza secondaria è lo spazio in cui le persone cercano sollievo dalla dipendenza primaria dell'essere così sbagliate. E, fin quando la dipendenza primaria non viene ripulita, è quasi impossibile avere successo nel ripulire la dipendenza secondaria.

Ne ho viste tantissime di quelle che vengono chiamate ricadute, che avvengono quando le persone hanno smesso di adottare la dipendenza secondaria, per poi ritornarci. Smettono di bere o di dedicare 80 ore a settimana al lavoro. Poi, dopo un certo periodo di tempo, iniziano a rifare quelle cose. Spesso succede perché quando viene tolta la dipendenza secondaria, il dolore della dipendenza primaria diventa per loro troppo difficile da gestire. Non hanno gli strumenti e le informazioni necessari per superarla, quindi ritornano alla loro dipendenza secondaria in cerca di sollievo. Ripulire la dipendenza primaria dell'erroneità di te stesso traccia il cammino affinché tu possa allontanarti dalla tua dipendenza secondaria, qualunque essa sia.

Mi fu mandato un adolescente perché era dipendente da marijuana e si comportava male a scuola. Nella prima sessione mise subito in chiaro che non aveva interesse a parlare dell'uso di marijuana, quindi parlammo di altre cose che stavano succedendo nella sua vita. I suoi genitori avevano divorziato un paio d'anni prima e lui veniva criticato da entrambi, per l'erba, per i fallimenti nel fare i lavori di casa, e così via. I genitori l'avevano reso il paziente identificato, colui ad avere il problema, ma ben presto fu chiaro che sia la madre che il padre avevano problemi più gravi e comportamenti che non erano disposti a vedere. Mentre lavoravo con il ragazzo, gli posi delle domande e lo incoraggiai a osservare le diverse situazioni della sua via da una prospettiva diversa. Era davvero sbagliato? Stava facendo qualcosa di male alla sua famiglia? Che cosa stava capitando in realtà? Come poteva vedere diversamente questa cosa? Che cosa sapeva essere vero?

Dopo un po' iniziò ad avere fiducia in se stesso e divenne più felice. Riprese a suonare nel suo gruppo e smise di giudicarsi per il fatto di non assomigliare ai ragazzi più popolari della scuola.

Non toccammo mai l'argomento marijuana durante quel periodo. Ma, dopo circa sei mesi, un giorno venne e mi disse: "Vorrei dirle quello che mi è successo ieri. Stavo guidando verso casa con un amico di scuola. È un bel tragitto di circa un'ora e di solito fumiamo erba. Il mio amico mi chiede: "Sei pronto ad accendere?" Gli ho detto: "Sai, oggi passo."

E lui mi ha risposto: "Wow! Figo."

Oltre al successo del mio cliente nel superare l'erroneità di se stesso, mi piacerebbe farti notare come questa storia mostri che la riabilitazione dalla dipendenza non riguarda il focalizzarsi su essa, ma riguarda l'allontanarsi da tutte le bugie e dal senso di erroneità che hai avuto di te e arrivare allo spazio del tuo vero potere e della tua vera potenza.

Ricevere il Giudizio

Nel momento in cui esci dall'erroneità di te ed entri nello spazio e nella libertà per essere di più te stesso, verrai giudicato ancor di più. Il nostro cambiamento mette a disagio le persone. Quindi, cosa puoi fare quando le persone ti gettano addosso il loro giudizio? Prima di tutto ricorda che un giudizio non riguarda mai te. Riguarda sempre la persona che sta emettendo il giudizio - ed è sempre arbitrario. Ogni volta che ti trovi a essere giudicato, dì semplicemente a te stesso: "Questo riguarda loro e la loro roba. Non ha niente a che fare con me."

Ecco un altro suggerimento: le persone ti accusano di cosa stanno facendo loro per prime. Se qualcuno ti accusa di essere scortese, puoi scommettere che quello/a scortese è *lui/lei*. Se le persone ti accusano di essere egoista o taccagno, stai certo che è ciò che sono esattamente loro.

BIASIMO, VERGOGNA, COLPA E RIMPIANTO

Se entri nell'erroneità di te probabilmente sperimenterai la colpa, la vergogna, il biasimo e il rimpianto nel renderti sbagliato. Ho incontrato tante persone fantastiche che non credono di poter essere un contributo al mondo perché tutta la loro energia era focalizzata su alcune cose terribili (vere o immaginarie) che avevano fatto in passato.

La colpa, la vergogna, il biasimo e il rimpianto provengono dal giudizio riguardo a ciò che è giusto o sbagliato. In Access Consciousness® li chiamiamo impianti distrattori*. Sono concetti che ci sono stati impiantati dai nostri genitori, dalla cultura e dalle organizzazioni religiose per controllarci. La colpa, la vergogna, il biasimo e il rimpianto ci legano alla società e ci impediscono di essere consapevoli e di sapere ciò che è vero per noi.

Ecco un esempio di cosa intendo: quando avevo sei anni ero in un negozio e pensai: "Oh! Potrei mettermi un po' di caramelle e di gomme in tasca e andarmene." E lo feci. Più tardi mi sentii orribile. Non era vergogna o colpa quel che provavo: sapevo semplicemente che il comportamento non era corretto. Il mio sapere era molto semplice e diretto. Era: "Non sono il tipo di persona che fa queste cose." Se la vergogna e la colpa mi avessero sopraffatto, mi avrebbero distratto dal sapere quel che sapevo. Sarei rimasta immobilizzata dalla sensazione: "Sono cattiva, terribile, una persona orribile."

Gli impianti distrattori ci distraggono dal nostro sapere e dalla nostra consapevolezza e ci mettono nel giudizio di quanto siamo sbagliati. E fintanto che sei nel giudizio di quanto sei sbagliato non potrai essere consapevole. Quando fai qualcosa che è incompatibile con chi sei, non devi fare esperienza di molti sensi di colpa, vergogna, biasimo e rimpianto per impedirti di farlo nuovamente. Puoi semplicemente dire: "Questo non ha funzionato per me. Non penso che lo rifarò."

Mettiamo che sei arrabbiato e che urli contro il tuo cane. C'è una grossa differenza tra dire: "Oh, mi sento così in colpa per aver gridato contro il mio cane" e dire "Urlargli contro non è stato gentile nei miei confronti (o verso quelli del cane). Non è stata la mia scelta migliore. Quale scelta potrei fare adesso? Devo correggere in qualche modo l'errore?"

Non sto dicendo che non dovresti essere consapevole nello scegliere di fare cose che vanno contro la persona che in realtà sei. Certo che devi essere consapevole riguardo l'effetto che avrà la cosa che fai su di te e sugli altri esseri presenti nella tua vita.

Ciò di cui parlo è non entrare nel giudizio dell'erroneità. Il senso di colpa ti erode e ti distrae da ciò che è generativo nella tua vita. E le persone lo usano per controllarti. "Ti ricordi la brutta cosa che mi hai fatto dieci anni fa? Non potrò mai superarlo." Che cavolata! Tutti sono responsabili di andare oltre. Un altro modo in cui il senso di colpa è usato per controllare le persone è rendere tutto ciò che è divertente e interessante un peccato. "Non dovresti godere del sesso. Non dovresti godere del cibo. Non dovresti godere dell'avere i soldi. Dovresti lavorare a tempo pieno e anche di più. Che cosa stai facendo là fuori, a gironzolare tutto il pomeriggio e a goderti il sole sulla pelle?" La colpa è un modo grandioso per incoraggiare le persone a punirsi e ad assicurarsi che non abbiano un'esperienza di vita gioiosa e felice.

Quando ti ritrovi nella colpa, nella vergogna, nel biasimo o nel rimpianto, riconosci che non sono ciò che tu sei. Sono distrattori che ti sono stati impiantati per controllarti. Senza di essi, diventi incontrollabile: non fuori controllo, ma incontrollabile. Hai più di un'opportunità per essere il padrone della tua vita e per scegliere chi ti piacerebbe essere.

Se provi un senso di colpa, vergogna, biasimo o rimpianto di cui non riesci a liberarti, chiedi:

- A chi appartiene?

Se non si alleggerisce, chiedi:

- È un impianto distrattore?

Se si alleggerisce, tutto ciò che devi fare è usare la frase di pulizia per ripulire tutto ciò che sta tenendo in posizione l'impianto distrattore.

---

*Colpa, vergogna, biasimo o rimpianto sono solo alcuni degli impianti distrattori discussi in Access Consciousness® e molti di loro sono collegati alla dipendenza. Ulteriori informazioni su tutti gli impianti distrattori sono disponibili nella classe "La Fondazione".

Puoi anche fare l'esercizio dell'Espandersi. Quando ti espandi, permetti ai giudizi di passarti attraverso. Più ti espandi e più sei nello spazio di te, e meno sarai l'effetto del giudizio delle altre persone.

Non ha più valore il fatto che le persone ti giudichino per controllarti. Il giudizio è un modo per far adeguare e far diventare conforme ai valori e ai costumi di un gruppo, un individuo meravigliosamente spontaneo e unico nel suo genere. Ma c'è una cosa da tenere a mente. Tu non ti adegui. Non l'hai mai fatto e non lo farai mai, e questo è un valore aggiunto. Sei diverso da chiunque altro e quando riconosci questo, e non cerchi più di adeguarti, hai la possibilità di diventare l'essere straordinario che in realtà sei.

Se qualcuno ti investe con un giudizio che corrisponde a uno che hai su te stesso, tenderai a pensare che quel giudizio sia corretto. E quando ti bevi il giudizio di qualcuno come se fosse vero, appartieni a quel qualcuno. Qualcuno potrebbe dirti: "Non ti stai impegnando abbastanza." Se hai già deciso che sei un fannullone, immediatamente entrerai nell'erroneità di te stesso e penserai che l'altra persona abbia ragione. Non ha ragione: è il suo giudizio che corrisponde a quello che tu già avevi di te. Quando diventi consapevole che hai quel giudizio, hai la possibilità di lasciarlo andare.

Credere ai giudizi degli altri su di te è sempre una scelta. Sei disposto a scegliere di non convalidare più i giudizi degli altri?

Stai Giudicando Qualcun Altro?

Ecco un'altra cosa interessante riguardo il giudizio: a volte potresti pensare di star giudicando qualcuno, ma non sei tu quello che sta giudicando. Quella persona si sta giudicando, e tu stai raccogliendo il suo giudizio e pensi che sia il tuo.

Una volta stavo camminando dietro a una donna molto pesante e mi trovai a pensare: "Quanto è grassa."

Mi dissi: "Aspetta un attimo! Io in realtà non ho un punto di vista sui corpi" e mi resi conto che stavo raccogliendo il giudizio che la donna aveva di se stessa.

Se hai deciso che sei una persona che giudica, forse non lo sei. Le persone che giudicano non pensano mai di esserlo. Pensano sempre che stanno semplicemente dicendo la verità. Diranno: "Non sono uno che critica. So semplicemente cos'è vero." In realtà sono giudicanti, ma non sono disposte a vederlo.

Lasciare Andare il Giudizio

Perché così tanti di noi hanno resistenza a lasciar andare il giudizio? Potrebbe essere perché ci siamo bevuti tante bugie rispetto a ciò che il giudizio fa. Spesso sento dire: "Se non mi giudico, non sarò motivato a fare nulla."

Mi piacerebbe farti una domanda: "E se non dovessi farti motivare dal giudizio? E se ti motivassi dalla scelta? Come sarebbe? Essere motivato dal giudizio ti mette in una posizione di erroneità, dove cerchi di lottare sempre per fare meglio. Essere motivato dalla scelta porta via tutte le erroneità. Fai qualsiasi cosa fai perché scegli di farlo. Non si tratta di giusto o sbagliato.

Ho anche sentito: "Se lascio andare il giudizio farò cose cattive e terribili."

E chiedo sempre: "A chi appartiene questo?" e poi chiedo: "È davvero vera questa affermazione? Questa frase riconosce la verità di chi sei?" Questo è un ottimo momento per usare lo strumento leggero/pesante.

Le persone dicono anche: "Se lascio andare il giudizio, sarò molto diverso da chiunque altro. Sarò solo." Beh, questo è qualcosa che le persone scoprono essere vero. Quando lasci andare il giudizio, sarai molto diverso. Molte persone usano il giudizio come mezzo principale per connettersi agli altri. Lo vedi nel modo in cui i tifosi si riuniscono per una squadra, come le persone si dividono per o contro un candidato alle elezioni, o come si formano i "gruppi di appartenenza" e i "gruppi di non-appartenenza".

SVILUPPARE I TUOI TALENTI E LE TUE ABILITÀ

Quando parliamo di diventare più di chi siamo, una delle cose che sento dire ai miei clienti è: "Marilyn, io non credo davvero che ciò che dici possa essere vero per me, non perché le persone non possano cambiare, ma perché non penso di avere nulla da offrire. Tutta la mia vita ho cercato di contribuire cose alle persone o mostrar loro le mie idee e non mi hanno mai prestato ascolto. Sento che se anche ripulissi la mia dipendenza non andrei da nessun altra parte se non nella tristezza e nella depressione."

Ci sono diverse ragioni per le quali finiamo col giudicarci come se non avessimo nulla da offrire al mondo, e poi portiamo avanti quei giudizi come se fossero veri. Non sono veri! Per favore, riconosci che hai dei doni. Hai dei talenti e delle abilità. Usando gli strumenti di questo libro, lasciando andare i tuoi sistemi di credenza limitanti e ciò che le altre persone hanno detto di te, la tua vita può espandersi. Sarai in grado di mostrarti in modi che non hai mai immaginato.

Invece di entrare nell'erroneità di te, inizia a divertirti con l'idea di sviluppare i tuoi talenti e le tue abilità. Inizia a chiedere domande quali:

- Che cosa mi piacerebbe fare?
- Che cosa mi piacerebbe imparare?
- Che cosa sarebbe per me divertente fare?
- In cosa sono sempre stato interessato?
- Che cosa mi energizza?
- Che cosa ho pensato mi piacerebbe fare, ma non ho mai provato a fare?

Dirigiti verso ogni attività che ti sembra leggera.

Divertiti con questo e inizia a esplorare. Scopri cosa ti piace fare, capisci cosa ti porta piacere e inizierai a percepire il senso di quali siano i tuoi talenti e le tue abilità.

Ma tieni presente che ci sono persone in tutto il mondo che stanno lasciando andare il giudizio. Se sei disposto a farlo anche tu e se sei disposto a mostrarti per come sei, inizieranno ad apparire persone nella tua vita che sono vibrazionalmente compatibili con te, il nuovo te, il vero te.

In questo momento potrebbero non esserci persone così nella tua vita perché, se stai giudicando, stai essendo vibrazionalmente compatibile con coloro che giudicano. Potrebbe sembrare che al mondo non ci sia nessuno che non giudica, ma nel momento in cui inizierai a mostrarti con un'energia diversa, le persone che hanno un'energia simile alla tua inizieranno ad apparire nella tua vita.

Per favore, dai un'occhiata alle ragioni che potrebbero averti portato a decidere che non puoi lasciare andare il giudizio, perché quelle decisioni ti stanno impedendo di porre fine alla dipendenza e lasciare andare altri comportamenti limitanti.

Alcune Cose che Puoi Fare per Lasciare Andare il Giudizio

Una volta che diventi consapevole dei modi in cui stai rendendo il giudizio giusto, buono, necessario e corretto, ci sono strumenti che puoi usare nelle tue attività che ti aiuteranno a lasciare andare i giudizi che ti impediscono di essere tutto te stesso.

Mentre leggi questi suggerimenti, ti incoraggio a scegliere gli strumenti, gli esercizi e le attività che risuonano con te. Provali e vedi se ti aiutano a sentirti più espanso e libero dal giudizio. Riguardano tutti l'onorare te e ciò che sai essere vero per te.

Strumento: Interessante Punto di Vista*

E se tutto nella tua vita fosse semplicemente un interessante punto di vista? Lo strumento: "Interessante Punto di Vista" è un modo grandioso per neutralizzare il giudizio ricordando a te stesso che qualsiasi sia il giudizio, è solo un punto di vista. Non è giusto o sbagliato, buono o cattivo. È semplicemente una credenza, un'opinione, una conclusione o qualche altra forma di giudizio che tu o qualcun altro ha in quel preciso momento.

Ogni volta che ti viene su un giudizio, dì semplicemente: "Interessante punto di vista che ho questo giudizio". Ti aiuta a distanziarti dal giudizio. Non ti allinei e accordi con esso, e non resisti o reagisci. Permetti che sia quel che è: un punto di vista.

O metti che qualcuno ti dica che sei sbagliato per una ragione o per un'altra. Puoi dire: "Wow, questo è un interessante punto di vista. Non importa, non penso che me lo berrò."

Quando stai funzionando dall'interessante punto di vista sei in grado di essere consapevole di cosa sia, invece di diventare l'effetto del giudizio, che sia tuo o di qualcun altro. Questo è importante, perché il tuo punto di vista crea la tua realtà. Se non sei nell'interessante punto di vista, sei impantanato nel giudizio. Elimini la tua consapevolezza e solidifichi le difficoltà presenti, invece di permettere che delle possibilità diverse si mostrino.

Recentemente ho volato dalla Costa Rica agli Stati Uniti d'America. La coda per l'Immigrazione era molto lunga, e avevo poco tempo per prendere il volo. Ero preoccupata che avrei perso l'aereo.

Ho iniziato a dire: "Interessante punto di vista che ho il giudizio che perderò l'aereo. Che cos'altro è possibile?" Ho continuato a dirlo e a fare domande, e all'improvviso altri otto agenti dell'immigrazione sono stati spostati nella nostra sezione e mi sono trovata a essere la seconda persona in fila.

Ho preso l'aereo senza problemi.

Questa potrebbe sembrare una coincidenza, ma cose così succedono sempre quando uso lo strumento "Interessante punto di vista." Lasciar andare l'aspettativa sulla situazione sembra creare uno spazio in cui altre possibilità possono mostrarsi.

---

*"Interessante punto di vista" è uno strumento di Access Consciousness®.

Strumento: A Chi Appartiene?*

Ho già parlato dello strumento "A chi appartiene?" ma voglio menzionarlo ancora in questo capitolo perché può essere uno strumento chiave nel lavorare con la tua dipendenza primaria, la dipendenza dall'erroneità di te. Ogni volta che hai un pensiero, una sensazione o un'emozione che ha a che fare con quanto sbagliato, cattivo o inferiore tu sia, non credere automaticamente che sia tuo. Chiedi: "A chi appartiene?" Se si alleggerisce, non è tuo. Rimandalo al mittente.

"A chi appartiene?" è anche incredibilmente utile nel gestire la tua dipendenza secondaria. Una di esse era la mia dipendenza all'alcol. Ora posso bermi un bicchiere di vino o meno; non ha importanza. Non ho più la compulsione di dover bere. Un giorno, non molto tempo fa, stavo guidando verso casa. Avevo avuto una giornata piacevole ed erano circa le 17.00. Era QUEL momento. Immediatamente pensai: "Ho davvero bisogno di un drink. Un goccio di scotch sarebbe fantastico."

E mi sono detta: "Aspetta un attimo! Io non bevo scotch. A chi appartiene?" Mi sono resa conto che stavo raccogliendo l'idea di farmi una bevutina da tutte le persone che stavano guidando verso casa e che pensavano: "Sono le 17.00. Ho bisogno di bere."

Concediti un Giorno Senza Giudizio, o un'Ora Senza Giudizio

Come sarebbe avere un'intera giornata, o addirittura un'ora, dove rifiuti il giudizio di te o di qualsiasi altra cosa? Potrebbe essere un'abitudine grandiosa da coltivare. Dì a te stesso: "Mi concederò un'ora senza giudizio dalle nove alle dieci." E ogni volta che un giudizio viene a galla, dì: "Mi spiace, questo è il mio momento senza giudizio. Non avrò alcun giudizio fino alle dieci. Ritorna a quell'ora."

Man mano che fai pratica nell'essere libero dal giudizio, continua ad ampliare quel periodo di tempo.

Passa del Tempo con Persone Che Sono Meno Giudicanti

Prenditi qualche momento per redigere una lista delle principali persone nella tua vita. Poi fai una classifica, su una scala da uno a dieci, a seconda di quanto ti giudicano o quanto giudicano gli altri. Crea come priorità il passare del tempo con le persone che sono meno giudicanti e nota quanto diversa sia l'energia.

Pratica l'Essere Presente

Trova un momento in cui puoi farti una passeggiata nella natura e mentre cammini, permettiti di essere consapevole di tutto ciò che ti circonda: che sensazione ti danno i piedi sul terreno, i suoni, i profumi e cosa sta succedendo nel tuo corpo. Sii più presente possibile. Ora nota: Puoi giudicare mentre lo stai facendo? No. Non puoi essere presente e giudicare contemporaneamente.

Un'altra cosa fantastica riguardo lo stare nella natura, è che lei stessa non ti giudica mai. Quindi, mentre fai una passeggiata, puoi diventare anche consapevole dell'energia di un ambiente senza giudizio.

Capitolo Sei

Abuso e Dipendenza

Ciò di cui non sei disposto a essere consapevole, ti possiede.

Se hai una dipendenza, è quasi certo che tu abbia fatto esperienza di qualche forma di comportamento abusivo nella tua vita. Non sto dicendo che questo sia un invito per incolpare qualcuno o per razionalizzare il perché la tua vita non sia andata come desideravi. Ne parlo perché è un'informazione utile. Una volta capito il collegamento tra dipendenza, abuso e il ruolo che quest'ultimo ha giocato nella tua vita, sarai in grado di andare oltre il tuo comportamento dipendente o compulsivo.

Molti dei miei clienti con dipendenze mi hanno detto: "Non capisco perché io continui a incasinarmi con il mio comportamento dipendente. Continuo a mangiare troppo, continuo a lavorare compulsivamente o continuo a rendere tutti sbagliati, anche se voglio smettere. Non importa quanto arduamente io ci provi, continuo a farlo. Sembra sia inconscio."

Questo succede spesso quando ci incasiniamo con le nostre dipendenze e può succedere perché abbiamo fatto esperienza dell'abuso di cui non vogliamo essere consapevoli. Capisco che tu non desideri vedere qualcosa che sembra difficile da gestire come un abuso. In questo caso potresti chiederti: "Perché devo farlo?"

La risposta è concisa: perché ciò di cui non sei disposto a essere consapevole, ti possiede. Se non sei disposto a essere consapevole dell'abuso sperimentato, se stai cercando di escluderlo o di razionalizzarlo, dominerà la tua vita. La disponibilità a essere consapevole degli abusi passati crea uno spazio dove puoi cambiare il modo in cui ti influenza ora.

Vorrei fare una precisazione. Non sto parlando di rinvangare ogni incidente di abuso del tuo passato e renderlo la causa della tua dipendenza. Né sto dicendo che dovresti passare settimane, mesi o anni a impantanarti in essi. Vedere ciò che è stato abusivo nel tuo passato non riguarda incolpare altri o diventare una vittima. Significa non fare finta di essere senza potere. Riguarda riconoscere ciò che ti è successo e il modo in cui ti ha influenzato, affinché l'abuso non ti possegga più.

Il Collegamento Tra Abuso e Dipendenza

Quando subiamo abusi, vogliamo scappare. Vogliamo scappare dall'abuso stesso e dopo vogliamo scappare dai ricordi dell'abuso. Il dolore di questo può sembrare così grande, e il prospetto di avere a che fare con questo è talmente sopraffacente, che rivolgersi alla dipendenza sembra la cosa più naturale da fare. La dipendenza sembra offrire un porto sicuro dove rifugiarci. Questo è vero specialmente quando non abbiamo il sostegno di cui abbiamo bisogno per muoverci oltre l'abuso.

L'abuso e la dipendenza sono perfettamente complementari l'uno dell'altro, perché entrambi portano a creare una vita più piccola. Quasi tutte le persone che ho conosciuto e che hanno sofferto di abuso, soprattutto coloro che hanno subito un abuso cronico e continuato, hanno creato una vita piccola, nascosta. Perché lo fanno? Perché hanno preso la decisione che una vita piccola è più sicura. Si muovono in uno spazio contratto dove diventano iper-vigilanti e provano a controllare tutto ciò che succede. Ma questa è una salvezza illusoria e crea così tanto stress che in breve tempo iniziano a desiderare uno spazio in cui possano essere fuori controllo: ed è una delle cose che la dipendenza offre.

Identificare l'Abuso per Quel che È

Quindi, che cos'è l'abuso? Molte persone non riconoscono di essere state abusate perché pensano che il termine abuso si riferisca soltanto all'abuso sessuale o a estremi maltrattamenti fisici. Se interrogati risponderanno: "No, non sono stato abusato. Non sono stato violentato o picchiato."

L'abuso abbraccia molto più che la violenza fisica o sessuale e… ci sono molte forme di abuso che non sempre vengono riconosciute. Quindi, come identificarle? La radice dell'abuso è lo sminuire, il degradare o lo svalutare l'Essere o il corpo. È l'opposto dell'onorare o del trattare te e il tuo corpo con rispetto e riguardo. Se tieni a mente queste caratteristiche di base dell'abuso, potrai sempre vederlo per quel che è.

L'abuso può essere fatto dai genitori, dai fratelli, dagli altri bambini, dagli insegnanti e dei membri della famiglia. Si può anche mostrare nelle istituzioni attraverso il dogma, o le regole e le leggi delle chiese, delle fraternità, dei militari e di altre organizzazioni. Alcune persone abusano altre per il semplice fatto di poterlo fare. Sono cattive di natura e non danno importanza all'effetto che il loro comportamento ha sulle altre persone, oppure cercano di fare appositamente del male. L'abuso può anche essere fatto da persone che pensano che gli altri abbiano bisogno di essere tenuti sotto controllo, disciplinati e tenuti a freno per il loro bene. Dicono a se stesse (e potrebbero anche onestamente crederci) che il comportamento abusivo è per lo sviluppo dell'altra persona. Non intendono fare del male e raramente vedono il danno che fanno.

C'è un aspetto dell'abuso di cui è importante essere consapevoli. I bambini che sono stati abusati diventano così abituati a essere maltrattati, puniti e allontanati da non riconoscere l'abuso per quello che è. Sembra loro "normale". Se non lo riconosci per ciò che è non riesci a vedere gli effetti che ha avuto su di te e sei portato ad abusare gli altri allo stesso modo. Se non sei consapevole della natura abusiva del comportamento, fa semplicemente parte di ciò che hai imparato e potresti infliggerlo ad altri.

A volte i clienti vengono da me perché sono in un terribile conflitto riguardo il loro comportamento crudele verso altri. Riconoscono di essere stati abusivi e vogliono fare qualcosa al riguardo, ma non sanno come cambiarlo. Hanno raccolto il modello del comportamento abusivo dalla loro famiglia e non hanno l'abilità di scegliere qualcosa di diverso. La differenza tra queste persone e coloro che abusano volontariamente gli altri è che i primi sono consapevoli che il loro comportamento non è coerente con chi vogliono essere e che fa del male alle altre persone. E cercano di cambiarlo.

Vorrei chiarire un altro punto: non ci sono scuse per l'abuso. Qualsiasi abuso tu abbia sperimentato, è importante vederlo per ciò che è e non minimizzarlo o giustificarlo. A volte le persone che sono state abusate cercano di capirlo o razionalizzarlo dicendo cose tipo: "La persona che mi ha abusato l'ha fatto perché a sua volta era stato abusato/a da piccolo/a." Potrebbe essere vero in un numero limitato di circostanze, ma generalmente questo argomento non regge. Se essere stati abusati portasse ad abusare altri, allora ogni singola persona che è stata abusata lo rifarebbe ora ad altri, e sappiamo che non è così.

Puoi Lasciarti alle Spalle l'Abuso

Questo potrebbe essere un capitolo difficile per te. Potrebbe farti salire cose che non desideri vedere. Innanzitutto voglio dirti che puoi lasciarti alle spalle l'abuso. Richiederà del lavoro, certo, e potresti sperimentare dello sconforto. Le cose potrebbero addirittura sembrare molto intense o difficili per un po', ma voglio assicurarti che puoi andare oltre, e ciò ti servirà per non essere più prigioniero di alcun comportamento dipendente o compulsivo.

Le Forme che Può Assumere l'Abuso

L'abuso può assumere molte forme e mi piacerebbe parlare di alcune tra le più forme comuni in cui si presenta:

ABUSO VERBALE   ABUSO FISICO

AUTO-ABUSO   ABUSO SPIRITUALE

TRASCURATEZZA   ABUSO FINANZIARIO

VIOLAZIONE DELLA PRIVACY   ABUSO SESSUALE

ABUSO PSICOLOGICO O EMOZIONALE

Abuso Verbale

L'abuso verbale è chiaro: è abuso detto. È dare soprannomi, criticare e denigrare. È tutto ciò che viene detto per farti sentire inferiore, non meritevole, sbagliato o incompetente. Può essere molto sottile e spesso le persone cercano di giustificarlo; per esempio, a volte i genitori giustificano il loro comportamento verbale abusivo con frasi del tipo: "Ti dico cosa stai sbagliando così puoi migliorare te stesso."

Beh, ci sono altri modi di aiutare un bambino (o chiunque altro) per fargli vedere che potrebbero esserci scelte diverse. La critica continua espande e aiuta le persone, o le sminuisce? Invece di dire: "Questo è un modo stupido di farlo" o "Non fai mai nulla di buono" o "Ho notato che lo stai facendo male", si potrebbe chiedere: "Facendo così otterrai i risultati voluti? No? Mi chiedo se c'è un approccio differente che potresti usare."

A volte i genitori cercano di mascherare il loro abuso verbale dicendo al bambino: "Sono duro con te perché ti amo." Sappi che qualcuno che davvero tiene a te non sarà ipercritico e abusivo con te. Le persone cercano di mascherare l'abuso verbale con lo scherzo. Se reagisci ai loro commenti cattivi o umilianti, ti dicono: "Non sai stare allo scherzo?" Se qualcuno ti dice che era solo uno scherzo, ricorda che gli scherzi sono fatti per divertirti. Dovrebbero farti rilassare e ridere. Se ti trovi a contrarti e a sentirti peggio, non era uno scherzo e non era nato come tale. Era abuso verbale.

Un'altra forma di abuso verbale è la presa in giro. Le persone che lo fanno operano dalla finzione che tengono a te, ma se sei stato preso in giro da bambino sai quanto possa fare male e quanto sia intrinsecamente cattivo.

Abuso Psicologico o Emozionale

L'abuso psicologico o emozionale è "abuso verbale sotto steroidi". C'è l'intento di distruggere la persona, di umiliarla, di ridicolizzarla o di tenerla in uno stato di terrore e paura. L'abuso psicologico ed emozionale capita sui posti di lavoro o a scuola, quando i datori di lavoro o gli insegnanti rimproverano la persona o la ridicolizzano in pubblico. Succede nelle chiese o nei gruppi spirituali dove i leader religiosi indicano qualcuno come peccatore. L'idea è quella di rendere qualcuno il capro espiatore o un esempio per gli altri.

Un esempio estremo di abuso psicologico o emozionale si trova nel modo con cui i prigionieri dei campi di concentramento vengono trattati. Meno intensa, ma sempre distruttiva, è una forma di abuso emozionale che si manifesta comunemente nelle famiglie dove ci sono commenti o accuse del tipo: "So che stai mentendo. Menti sempre." o "Cos'hai fatto ieri sera? So che hai fatto qualcosa di sbagliato." C'è il senso che chi ti abusa ti tiene nell'erroneità perpetua, la quale contribuisce al senso di erroneità che tu hai di te stesso.

È comune per le persone essere emozionalmente abusive verso chi adotta un comportamento dipendente. "Perché devi mangiare quel pezzo di torta al cioccolato? Sei già grassa." "Dovevi proprio fumartela quella sigaretta, vero? Ora ti puzza l'alito. Non puoi avere maggior considerazione nei miei riguardi?" Questi tipi di commenti sono abusivi perché il loro intento è di sminuire e umiliare le persone.

Anche il bullismo e lo schernire sono forme di abuso psicologico ed emozionale. Queste forme possono comportare un controllo severo su un'altra persona. Una volta ho lavorato con una famiglia in cui il marito teneva le chiavi della macchina e l'unico modo per la moglie di avere la macchina era di chiedergliele, dicendogli esattamente dove sarebbe andata, quando sarebbe tornata e con chi sarebbe uscita. Doveva anche tornare in perfetto orario.

L'abuso psicologico ed emozionale riguarda anche il minare i talenti di una persona. Avevo una cliente che, da bambina, era un'attrice, una cantante e un'artista professionista in erba. Suo padre, che di proposito la faceva sempre arrivare in ritardo agli spettacoli, la prendeva sempre in giro: "Ah ah, arriverai in ritardo. Ti dimenticherai le battute." Era una forma apertamente crudele di abuso psicologico.

A volte l'abuso non è così diretto come gli esempi sopra citati. L'abuso psicologico ed emozionale spesso si mostra nei casi di divorzio, dove un genitore sminuisce o svaluta costantemente l'altro genitore di fronte ai bambini. Può anche assumere la forma del genitore che incoraggia il bambino a comportarsi male con l'altro genitore. Quando un genitore usa un bambino piccolo come cassa di risonanza per i suoi problemi emozionali o affettivi, o espone il bambino a discussioni che non sono appropriate per quest'ultimo, questa è una forma di abuso psicologico ed emozionale. Avevo una cliente il cui padre la usava come cassa di risonanza per i suoi problemi romantici ed emozionali, quando lei aveva solo sette anni. A un bambino dovrebbe essere permesso di essere un bambino e non di diventare il partner, il terapeuta, il badante o il confidente di un genitore.

Violazione della Privacy

È una variante dell'abuso emozionale. Quando qualcuno legge le tue email, o il tuo diario, o curiosa nella tua stanza, sta abusando emozionalmente perché ti dà il messaggio di non poter avere niente di tuo. Tutto ciò che sei è aperto all'ispezione di qualcuno che ha deciso che hai bisogno di essere tenuto sotto controllo o monitorato. È difficile avere un senso della grandezza che sei quando il tuo spazio viene invaso in questo modo. Spesso i genitori lo fanno con i figli, a volte sono i mariti e le mogli a farlo gli uni gli altri. Spesso indica che la persona non sta onorando l'altro/a in quanto individuo.

La violazione della privacy a volte supera la linea e diventa abuso sessuale quando un adulto non rispetta il diritto alla privacy del corpo del bambino.

Facciamo una precisazione: se un genitore ritiene che il bambino abbia tendenze suicide, che si droghi pesantemente o che stia pianificando di fare qualcosa di pericoloso, allora è appropriato intervenire. Non ci sono regole su questo: devi vedere l'energia della situazione. È un'azione presa per assistere davvero il bambino o è generata dal bisogno del genitore di dominare e controllare?

Abuso Fisico

Per abuso fisico si intende qualsiasi tipo di punizione, spinta, sberla o colpo. Include l'essere picchiato fisicamente, colpito con oggetti, legato o bruciato. Riguarda qualunque cosa una persona fa per infliggere dolore sul corpo di un'altra persona.

Quando chiedo ai clienti se sono stati abusati fisicamente molti di loro mi dicono: "Oh no, voglio dire, mia mamma mi picchiava con una cintura a volte, ma non era nulla di grave. E una volta mio padre mi ha spinto giù dalle scale, ma me lo meritavo." La nozione che meriti di essere abusato è una bugia. Infatti, è una delle più grandi bugie perpetrate sui bambini abusati. "Mio padre mi spinse contro l'armadio perché l'avevo fatto arrabbiare. Non voleva rompermi il braccio." "Beh, sì, mio padre mi diede un pugno in faccia e mi ruppe il naso, ma gli stavo rispondendo." Nessuno di questi è un comportamento accettabile. Non lo meritavi. E non devi minimizzarlo, giustificarlo o spiegarlo. Non meriti l'abuso fisico, mai!

Trascuratezza

La trascuratezza può essere fisica o emozionale. Da bambini abbiamo bisogno di cibo, di un riparo, di vestiti e di altre necessità fisiche. Abbiamo anche dei bisogni di base emozionali che includono il contatto visivo, il riconoscimento, il tocco, l'attenzione e il sentire che siamo importanti. Quando non riceviamo queste cose siamo stati trascurati.

A volte vedo clienti che sembrano avere molte delle caratteristiche associate con l'essere stati abusati, ma quando chiedo se c'è stato dell'abuso nelle loro vite, mi dicono di no. Quando approfondisco un po' di più scopro che sono stati trascurati. Hanno avuto cibo e riparo, ma non sono stati abbracciati, nutriti o fatti sentire amati. O erano bambini che tornavano a casa da scuola e la trovavano vuota perché i loro genitori lavoravano, e quindi hanno dovuto cavarsela da soli.

La trascuratezza è una forma sottile di abuso perché non riguarda ciò che ti è stato fatto; riguarda ciò che non ti è stato fatto. Se non sono stati soddisfatti i tuoi bisogni fisici ed emotivi primari, potresti avere la sensazione che in qualche modo sei sbagliato, indesiderato o che non meriti. Semplicemente per il fatto che qualcuno non ti ha dato ciò che chiedevi, non significa che non lo meritavi, che non lo richiedevi o che non ne avevi diritto. La trascuratezza, così come l'abuso fisico o emozionale, è una forma significante di abuso e i suoi effetti possono essere ugualmente durevoli.

Abuso Sessuale

L'abuso sessuale avviene quando una persona forza comportamenti sessuali indesiderati su un'altra persona. Quando sono coinvolti i bambini, l'abuso sessuale riguarda qualsiasi comportamento che un adulto (o di un adolescente) fa con l'intenzione di stimolare sessualmente o se stessi o il bambino. Questo include il tocco inappropriato, il contatto sessuale, l'esporre un corpo a un bambino con l'intento di gratificare i propri desideri sessuali, o chiedere e coinvolgere un bambino a partecipare a un'attività sessuale. Può anche riguardare far vedere pornografia a un bambino, o usare un bambino per produrre pornografia.

Molte persone che sono state abusate sessualmente hanno difficoltà con le relazioni di qualsiasi genere a causa di questa violazione intima. Potrebbero non avere una relazione sana con il proprio corpo o con le persone presenti nella loro vita. Spesso l'abuso sessuale rende le persone particolarmente inclini al comportamento dipendente o compulsivo. Se questo è vero per te, sappi per favore che non è dovuto a una erroneità in te e che puoi superarlo.

Recuperare la relazione con te stesso e con il tuo corpo e accedere a chi sei veramente, è un grandissimo antidoto contro gli effetti dell'abuso.

Osservare qualsiasi forma di abuso riguarda vedere ciò che è e sapere ciò che sai. Non possiamo trarre conclusioni che vanno bene per tutti i casi. Essere presente con l'abuso che potresti aver sperimentato riguarda essere nella tua consapevolezza delle persone e delle situazioni. Mi piacerebbe raccontarti di un uomo straordinario che è stato in grado di andare oltre l'abuso sperimentato, perché disposto a essere nella sua consapevolezza e a fare domande.

Quest'uomo mi disse che era stato abusato sessualmente e fisicamente in maniera molto grave da bambino. Aveva fatto un sacco di lavoro sull'abuso con Gary Douglas, il fondatore di Access Consciousness®, e non riusciva a capire perché non riuscisse a superarlo. Gary stava approcciando l'abuso di quest'uomo dalla conclusione che l'abuso fosse una cosa terribile che non dovrebbe mai succedere a un bambino. Ma mentre continuavano a lavorare insieme, l'uomo disse che si sentiva sempre più incastrato nel cemento. Perché non stava diventando più leggero? Poi un giorno Gary gli disse: "questa è una domanda pazza, ma hai avuto una parte nel creare l'abuso che hai sperimentato?"

Immediatamente l'universo dell'uomo si alleggerì, e disse: "Sì, l'ho avuta. Non so esattamente quale parte abbia avuto nel creare questo, ma sì, l'ho avuta. Che cosa potrebbe essere?"

Mentre Gary e l'uomo lavoravano assieme, l'uomo si rese conto che, in quanto bambino di sei anni si era intromesso nell'abuso per prevenire che succedesse ad altri. Sapeva che se non l'avesse fatto, l'abusatore avrebbe assalito un sacco di altri bambini. L'uomo aveva scelto di essere abusato, e il risultato fu di essere stato in grado di comportarsi in modo tale da far scoprire l'abusatore.

Alla fine, il colpevole ricevette dell'aiuto e fu in grado di trasformare la sua vita.

Potresti farti la stessa domanda che Gary chiese all'uomo: "Ho avuto una parte nel creare l'abuso di cui ho fatto esperienza? Ero disposto a prendere l'abuso perché stavo proteggendo qualcun altro?" Forse stavi proteggendo i tuoi fratelli. Forse sapevi che se questa persona ti avesse abusato sarebbe stata scoperta, che questo avrebbe impedito ad altri di essere molestati o feriti. Hai un'idea di quanto tu sia intrinsecamente gentile e premuroso nella tua disponibilità a sacrificare te stesso per gli altri?

Usa lo strumento leggero/pesante mentre ti fai questa domanda:

• Ho avuto una parte nel creare l'abuso di cui ho fatto esperienza?

Chiaramente questo non sarà vero per tutti, ma se è leggero, c'è qualche verità in essa per te. Riguarda essere consapevole e scoprire qualsiasi bugia hai detto a te stesso. Voglio includere questa possibilità affinché tu la prenda in considerazione, perché se è vero per te e non lo riconosci, non vedrai ciò che realmente è. Sarai in balìa di una fantasia o del punto di vista di qualcun altro e questo non ti renderà libero.

Se scegli di lavorare con un *counselor* che ti può aiutare con i problemi legati all'abuso sessuale, ti incoraggio a trovare qualcuno che non abbia idee fisse sull'abuso. Lavorare con una persona che è libera dal giudizio ti permetterà di vedere ciò che è davvero accaduto perché, come questa storia dimostra, a volte scegliamo di creare l'abuso per fermare l'abusante dal maltrattare altri. Se questo è vero per te e stai lavorando con un *counselor* che pensa: "Questa è una cosa terribile, è stato brutto, non ti sarebbe mai dovuto accadere", questo creerà un blocco nel tuo universo. Non sarai in grado di vedere l'esperienza per ciò che è stata realmente e non sarai in grado di rilasciarla pienamente.

È importante anche chiarire che non tutte le persone che hanno sperimentato abuso reagiscono nella stessa maniera. Ci sono diversi fattori che determinano il modo in cui le persone rispondono all'abuso, incluso il loro carattere, se l'hanno detto a un adulto all'epoca, se sono state credute e riconosciute, e la durata e gravità dell'abuso.

Ci sono altri aspetti dell'abuso sessuale di cui è utile essere consapevoli. Per esempio, al corpo piace essere toccato e accarezzato e molti bambini si portano dietro il senso di colpa e vergogna dell'abuso. Sanno che è sbagliato, sanno che l'abuso non sarebbe dovuto succedere e dicono: "Ma mi è piaciuto." Certo, a una parte di loro può essere piaciuto, perché il corpo ama essere toccato. È stimolante e i bambini sono molto sensuali. Hai mai osservato un bebè? Una volta andai a una festa e c'era questo bambino di due mesi nelle braccia della madre, che veniva allattato. Una delle sue manine era sul seno della madre e con l'altra si stava toccando il suo piccolo pene. Era così felice per le fantastiche sensazioni nel suo corpo. Oh, la gioia di quel piccolo bambino! I nostri corpi amano le sensazioni. Quindi, se sei stato abusato sessualmente e ti è piaciuta una sua qualsiasi parte, per favore, non ti giudicare per questo.

Un altro aspetto dell'abuso sessuale che può confondere si relaziona alla nostra abilità di percepire le sensazioni, i pensieri e le emozioni degli altri. Gli autori dell'abuso sessuale sono consapevoli che ciò che stanno facendo è sbagliato e spesso si portano dietro un senso di vergogna o giudizio, per non parlare di altre emozioni complicate. I bambini spesso confondono queste sensazioni come se fossero loro. Non sono in grado di liberarsi di questo, fin quando non riconoscono che quei sentimenti, pensieri ed emozioni non erano i loro.

Auto-Abuso

Generalmente pensiamo all'abuso come un qualcosa che una persona fa ad altre, ma una delle forme di abuso è l'auto-abuso o l'auto-ingiuria. Ti tagli, ti fai morire di fame, ti privi di qualcosa, adotti degli standard molto alti e rigidi per te stesso o ti punisci in altri modi. La dipendenza è un classico esempio di auto-abuso. L'auto-giudizio è un'altra forma di auto-abuso, perché il centro dell'abuso riguarda sempre lo sminuire o lo svalutare il corpo o l'Essere, e questo è esattamente ciò che fa l'auto-giudizio. Potrebbe essere il dirti cose cattive, del tipo: "Mi odio", "Sono stupido", "Il mio corpo è brutto e grasso", "Sembro così vecchio", o qualsiasi altra cosa sminuisca te stesso e/o il tuo corpo. Mentre potresti aver superato altre forme di abuso, questa potrebbe essere ancora molto attiva. Ti incoraggio a essere consapevole di come tratti te stesso. L'auto-abuso può essere una delle forme più auto-distruttive di abuso che ci sia e tende a intrappolare le persone nei loro comportamenti dipendenti o compulsivi.

Abuso Finanziario

L'abuso finanziario è un'altra forma di abuso che spesso non è riconosciuta. Avevo una cliente i cui genitori erano benestanti, eppure quando aveva dieci anni le dissero che doveva pagare la sua parte per le spese del mantenimento della casa e la mandarono a lavorare dodici ore al giorno a raccogliere verdure tra i lavoratori migranti. Mi rendo conto che ci sono volte in cui i genitori non hanno abbastanza soldi e i bambini devono lavorare, ma questa non era una di quelle circostanze. Era fatto per sminuire la ragazza e farle sapere che non meritava supporto.

La differenza tra abuso finanziario e mancanza di risorse giace nell'intenzione, nell'energia e nel comportamento dei genitori. Quando i bambini sanno di essere amati e ci si prende cura di loro, non si fanno l'idea di essere immeritevoli e senza valore. Ma quando vengono esposti a commenti del tipo: "Ci stai costando troppo" o "Sei davvero un peso finanziario per noi", possono farsi un'idea distorta del loro valore.

L'abuso finanziario crea scompiglio nel modo in cui le persone pensano ai soldi e rinforza l'idea di scarsità. Inoltre, siccome i soldi sono così connessi alla nostra idea del valore delle cose, i bambini che sono stati finanziariamente abusati giungono alla conclusione che sono senza valore e che anche i loro bisogni di base costano troppo.

Abuso Spirituale

Se ti è stato detto che dovevi credere in una determinata religione o accettare alcune credenze o modi di essere, è stato un abuso spirituale. Ti è stato detto che saresti andato all'inferno o che eri sbagliato di fronte agli occhi di Dio? Quello è stato abuso, perché non ti stava onorando. Il mio punto di vista è che chiunque sia un vero amico e una persona che ti aiuta nella tua vita ti incoraggerà a scegliere il percorso religioso o spirituale che ti piacerebbe seguire. Quello giusto per te. Devi scegliere il tuo sistema di credenze. Se vuoi direzionarti verso la consapevolezza e la coscienza, devi scegliere quello. Se vuoi dirigerti verso una religione tradizionale, scegli quella. Se scegli di non avere nessuna religione, va bene lo stesso.

Nessuno ha il diritto di dirti in cosa dovresti credere e che sei sbagliato se non condividi le loro credenze.

Alcuni Fattori Che Influenzano gli Effetti dell'Abuso

All'inizio della mia carriera lavoravo in un ospedale psichiatrico con bambini che erano stati abusati. Spesso erano stati abusati sessualmente. Scoprivamo in quei casi (e questo è noto anche nelle ricerche) che i bambini si riabilitavano molto più velocemente se, immediatamente dopo che i genitori scoprivano l'abuso, imputavano l'accaduto all'abusatore e aiutavano i bambini a capire che non era stata colpa loro. Il bambino non aveva fatto nulla di male e non si meritava di essere trattato in quel modo. Quando ciò capitava, i bambini erano capaci di andare oltre l'abuso, anche se era stato estremo. Ma se nessuno riconosceva l'abuso, se il bambino lo diceva ai genitori e gli stessi non facevano nulla, o se un genitore era coinvolto nell'abuso, o era stato detto al bambino che era lui la causa, allora gli effetti di quell'abuso diventavano molto più severi.

Forse sei stato abusato e non l'hai mai detto a nessuno. O forse l'hai detto a qualcuno ma non sei stato creduto. Nessuno ti ha detto: "Non meritavi di essere trattato così, e farò tutto ciò che posso per proteggerti d'ora in poi." O forse l'hai detto a qualcuno e quella persona ti ha detto: "Falla finita. Sei troppo sensibile" o "te lo stai inventando" o "Tizio non farebbe mai le cose che stai dicendo" o "te lo sei meritato. È stata colpa tua. Sei una bambina cattiva." Questi tipi di risposta incrementano e prolungano gli effetti dell'abuso, e ti instradano a sminuirti, il ché rende il comportamento dipendente o compulsivo una scelta più attraente.

L'Abuso Nuoce al Tuo Corpo e al Tuo Essere

Il tuo corpo e il tuo essere sono intimamente connessi, quindi qualsiasi forma di abuso tu possa aver subito, sia il tuo corpo che il tuo essere ne risentono. Per esempio, gli effetti dell'abuso verbale o psicologico sono spesso evidenti nei corpi delle persone. Tendono a camminare con le spalle ricurve o abbassate. Sembra vogliano sparire. E le persone che hanno sofferto l'abuso fisico spesso sono impattate fisicamente e psicologicamente. Potrebbero trattenersi o essere riluttanti a parlare. Potrebbero non avere autostima.

Per molte di queste persone, la risposta all'abuso è decidere cose del tipo: "Non posso fidarmi degli altri. Non ho il potere per fermare l'abuso. Non posso essere me stesso senza mettere su un sacco di barriere e costruire una fortezza. Comunque, non sono sicuro di voler essere me, perché ovviamente non ne vale la pena, altrimenti non sarei stato trattato così. Le persone non saranno gentili con me. Forse devo accettare qualunque relazione, situazione, lavoro o incontro, perché è questo che meritano i perdenti come me. So che questa persona non sarà gentile con me, ma qualsiasi attenzione, anche se è una cattiva attenzione, è meglio che nessuna attenzione." Riesci a vedere come queste decisioni e conclusioni creino un ambiente psicologico ed emozionale dove la dipendenza sembra essere una valida opzione?

Una delle ragioni per cui l'abuso crea una roccaforte su di noi è che, spesso, inizia da piccoli, prima di avere il concetto che la vita dovrebbe essere tutto tranne che abusiva. Pensiamo che l'abuso sia normale. Ecco un fatto interessante: le persone che non sono state abusate da piccole raramente diventano adulti che vengono abusati. Gli adulti che non hanno fatto esperienza dell'abuso da bambini sono più pronti a riconoscere e rifiutare una persona o una situazione abusante perché non è "normale" per loro, così come lo è per coloro che sono stati abusati da bambini.

Una cliente un giorno venne e mi disse: "Non capisco perché continuo ad attrarre uomini abusanti nella mia vita."

Le risposi: "Non è che attrai uomini abusanti. Gli uomini così stanno cercando un posto dove sistemarsi. Andranno da Betty, poi da Sara, poi da Maria e poi Elena, e Betty, Sara, Maria e Elena diranno: "Col cavolo che sto con te!"

Poi il tipo abusivo arriva da te e tu dici: "Certo, entra!" Ha trovato il suo obiettivo. Le persone che stanno cercando una relazione abusiva vanno alla ricerca di qualcuno che accetterà un partner abusante.

Si Tratta di Essere Chiari Riguardo Cosa Sia

Mentre rifletti sul sommario delle forme più comuni che l'abuso assume, ti incoraggio a guardare a qualsiasi esperienza abusante tu abbia sperimentato e di chiederti:

- Come risultato di questo abuso, a quali decisioni, giudizi e conclusioni sono giunto riguardo la mia vita, il mio futuro e ciò che era possibile per me?
- Come ha influenzato l'abuso la mia vita, le mie relazioni e il mio corpo?

Il primo passo nell'andare oltre l'abuso riguarda sempre il riconoscere che c'è stato abuso. Non si tratta di indugiare nel passato, non si tratta di concentrarsi su come sei stato una vittima e non riguarda spiegare perché non puoi avere la vita che ti piacerebbe avere. Puoi sempre superare l'abuso e le sue conseguenze, ma devi fare una scelta consapevole. Nel prossimo capitolo ti parlerò di queste conseguenze e di alcuni modi con cui puoi iniziare ad andare oltre l'abuso.

CAPITOLO SETTE

Andare Oltre l'Abuso

Se riconosci in te alcuni dei segnali e dei sintomi dell'abuso, spero che questo ti incoraggi a farti delle domande e avere una nuova prospettiva di come l'abuso passato possa averti legato al tuo comportamento dipendete o compulsivo.

A volte, quando lavoro con qualcuno che ha una dipendenza e faccio domande riguardo l'abuso, mi rispondono "Oh sì, sono stato abusato, ma l'ho già superato."

Ed dio rispondo: "Se l'avessi davvero risolto, forse non avresti ancora problemi con la dipendenza che hai."

Quando decidi che "È concluso, è fatto" vieni portato fuori dalla domanda e la cosa che più ti darà libertà dall'abuso (o da qualsiasi altra cosa ti stia limitando) è la disponibilità a essere nella domanda.

Un altro punto di vista che impedisce alle persone di andare oltre l'abuso di cui hanno fatto esperienza si relaziona al fatto che alcuni abusi sono sottili; e quando essi hanno rappresentato una parte continua nella vita di una persona, iniziano a sembrare una cosa "normale". È difficile vedere l'abuso per ciò che è. Quindi, in questo capitolo, mi piacerebbe approcciare l'abuso da una prospettiva diversa e parlare dei segnali e dei sintomi che indicano che l'abuso è stato presente nella vita di una persona. Se riconosci in te alcuni dei segnali e dei sintomi dell'abuso, spero che questo ti incoraggi a farti delle domande e avere una nuova prospettiva di come l'abuso passato possa averti legato al tuo comportamento dipendente o compulsivo.

Riconoscere i Segnali e i Sintomi dell'Abuso Sopravvivere anziché Prosperare

Uno dei segnali dell'abuso passato è che la persona sopravvive anziché prosperare. Sopravvivere significa avere come obiettivo il superare la giornata, la settimana o il mese. C'è sempre un'ansia verso la vita, perché l'idea della sopravvivenza è che potresti non farcela. Sopravvivere riguarda non sapere dove sarai al sicuro nel mondo. È non sapere se puoi fidarti di te stesso. Non hai alcuna percezione che l'universo ti stia sostenendo o che la vita sia abbondante. Hai un'esistenza sterile, contratta. Se stai sopravvivendo potresti non aver così tanta gioia nella tua vita, perché la gioia è considerata un lusso.

Prosperare riguarda il sapere che puoi creare la vita che desideri avere. Riguarda l'espansione, la gioia e la percezione che tutto è possibile. Prosperare non significa avere enormi quantità di cose. È sapere che l'universo è un posto abbondante e amichevole. Einstein diceva che la domanda più importante per le persone è: "L'universo è amichevole?" Sopravvivenza è rispondere no. Prosperare è sapere che la risposta è: si.

Quindi, osserva se stai prosperando o semplicemente sopravvivendo.

Vedere Se Stessi come l'Effetto delle Altre Persone e delle Circostanze

Una delle cose che ho scoperto (e si collega all'idea del sopravvivere contro il prosperare) è che le persone che sono state abusate tendono a vedere se stesse come effetto delle altre persone e delle circostanze. Ciò non è difficile da capire se sei un bambino che va in giro felicemente e improvvisamente viene picchiato, abusato sessualmente o crudelmente criticato. Questo tipo di trattamento, se si ripete per un certo lasso di tempo, ti incoraggia a vederti come l'effetto delle persone o delle cose nella tua vita, invece di considerarti il creatore della tua esperienza.

A volte, quando parlo con le persone che vedono se stesse come l'effetto della vita, ho l'idea che siano come un pallone da spiaggia in mezzo all'oceano durante una tempesta e che non abbiano il senso di essere in controllo di alcun aspetto della loro esistenza. È come se venissero sballottati da un'onda all'altra. Non sono consapevoli del fatto che possono influenzare le loro vite o il loro futuro.

I bambini non hanno il controllo delle loro vite così come ce l'hanno gli adulti. Per questo molti adulti che sono stati abusati da bambini potrebbero ancora agire dalla posizione del non controllo. Lascia che io ti faccia una domanda: sai, a qualche livello, che puoi fare le scelte che cambieranno le tue circostanze e creeranno un futuro che ti piacerebbe davvero avere? O sei bloccato nell'idea che la vita "ti accade"?

A volte quando faccio questa domanda le persone mi dicono: "Wow, non mi ero mai accorto di essere bloccato in quest'idea." È per questo che voglio portarlo alla tua attenzione. Se ti vedi come l'effetto delle persone e delle situazioni, questo ti blocca dal creare il futuro che desideri. Cerchi sempre di capire cosa succederà, che effetto avrà su di te e quali scelte o opzioni limitate ci sono in quella ristretta gamma di riferimento. Un approccio molto più positivo e produttivo è:" Io posso essere consapevole. "Io posso essere il creatore della mia vita."

Quando essere l'effetto delle altre persone e delle circostanze diventa il *modus operandi* per essere nel mondo, spesso si arriva a un comportamento dipendente o compulsivo. Scegli abitualmente di essere l'effetto di una sostanza o di un comportamento invece di essere presente e gestire le situazioni e le circostanze della tua vita. Osserva per capire come questo stia agendo nella tua vita e nota quando rendi te stesso l'effetto di una sostanza o di un comportamento per evitare qualcosa. Anziché fare questo, puoi chiedere: "Come potrei cambiare questo?" o "Che cosa ci vorrebbe per scegliere qualcosa di diverso in questa situazione?"

Recentemente una mia amica ha scoperto che suo padre aveva un cancro allo stadio terminale. La maggior parte della sua famiglia è entrata nel trauma, nel dramma e nel dolore della situazione, ma la mia amica ha scelto di non farlo. Ha scelto di portare quanta più gioia, facilità e felicità potesse a suo padre e alla famiglia nei suoi ultimi giorni. Grazie a questa scelta la famiglia è stata in grado di entrare in uno spazio che girava attorno alla gratitudine per il padre. Egli è stato in grado di ricevere tutti i riconoscimenti di quanto ha significato per la famiglia e nessuno ha dovuto vivere nello spazio del "Questa è una cosa brutta e terribile." Tutti hanno fatto un'esperienza di gioia e di pace negli ultimi giorni di vita del padre.

Durante la Grande Depressione del 1930 negli Stati Uniti d'America molte persone decisero: "Questa è una situazione terribile. Sarò povero. Sono l'effetto di queste circostanze." Ma ci furono alcune persone che durante la depressione divennero estremamente benestanti perché si rifiutarono di essere l'effetto dell'economia in crisi. Non erano persone nate nella ricchezza: erano individui disposti a vedere le possibilità laddove non c'erano. Agivano da uno spazio di sapere che potevano generare e creare qualcosa oltre ciò di cui tutti gli altri avevano scelto di essere l'effetto. A qualche livello si facevano domande del tipo: "Che cos'è possibile qui?" e "Che cosa si vorrebbe per fare soldi?"

Quando non sei disposto a essere l'effetto delle circostanze, vedi te stesso come il creatore o la fonte della tua vita.

Essere una Vittima

Vedersi come vittima è strettamente legato a essere l'effetto degli altri. Capisco che ci sono volte in cui ti sembra di essere stato vittima del comportamento di qualcun altro o di qualche circostanza nella tua vita, ma ti incoraggio a non berti "l'essere vittima" come una tua identità e a non continuare a usare la tua esperienza passata come una scusa per non mostrarti nella tua vita.

Essere un Elefante in un Negozio di Cristalli

Un "elefante in un negozio di cristalli" è una persona che rompe tutto. Queste persone sono incuranti degli altri e lasciano molti piatti e vetri rotti dietro loro. Una cosa del genere può succedere quando qualcuno risponde all'abuso decidendo "Questo mondo è abusante e io sarò incurante verso gli altri così come loro lo sono stati con me." "L'elefante nel negozio di cristalli" è l'altra faccia della medaglia dell'essere una vittima. Entrambe sono posizioni solidificate in base alle quali una persona sceglie di comportarsi. Nessuna delle due offre la libertà di andare oltre l'abuso.

Iper-Vigile

Quando sei iper-vigile sei in uno stato costante di sovraeccitazione fisica. È lo stesso stato che avresti se un animale ti stesse cacciando, come se il mondo fosse pericoloso e stessi costantemente evitando le minacce alla tua sopravvivenza. L'iper-vigilanza non è consapevolezza e mette a dura prova il tuo corpo. L'antidoto all'iper-vigilanza è la disponibilità a essere consapevole.

Disturbo da Stress Post Traumatico

Un altro sintomo o segno dell'abuso è ciò che in psicologia viene chiamato "disturbo da stress post traumatico". Con questo disturbo, le energie provenienti dagli eventi traumatici vengono rinchiuse nel corpo e nel cervello. Le persone che soffrono di questo disturbo hanno dei flashback degli eventi altamente traumatici che hanno subito. Sperimentano il passato come se stesse ricapitando nel presente, ripetutamente. Tendono a essere distaccati emozionalmente dagli altri e portano con sé la sensazione di essere sempre in pericolo. E spesso assumono un comportamento compulsivo o dipendente per cercare sollievo dal dolore.

Ci sono molti modi efficaci per gestire il disturbo da stress post traumatico. Una delle azioni più efficienti che ho scoperto è combinare due processi sul corpo che arrivano da Access Consciousness® i quali che vengono fatti da un facilitatore di questa tecnica e che sono: i Bars e il Sistema di Sequenze Tre-Pieghe*.

Un uomo in Australia era stato coinvolto in un combattimento come parte di una squadra d'intervento speciale della Marina Australiana.

Aveva accumulato molto stress post-traumatico e, a volte, quando questo veniva innescato dai sogni prendeva a pugni la moglie durante la notte. Lei iniziò a fargli scorrere i Bars con il Sistema di Sequenze Tre-Pieghe ed egli ebbe così tanta pace e sollievo che i suoi colleghi della Marina gli chiesero: "Che cosa stai facendo? Sei così diverso!"

Quando disse loro che sua moglie gli stava facendo scorrere alcuni processi, si interessarono molto e alla fine la moglie si trovò a fare questi processi su ogni componente della squadra e questo creò per loro un enorme cambiamento.

---

*Se ti interessa scoprire di più su questi processi sul corpo, puoi trovare un facilitatore di Access Consciousness nella tua zona attraverso il sito Access Consciousness che trovi alla fine del libro.

Essere Bloccato nell'Idea che Non Sei Abbastanza Bravo

Un'altra caratteristica delle persone abusate è che non vedono il dono e il contributo che sono per il mondo. Anche se altri vedono il potenziale o il dono che sono, gli individui che hanno avuto l'esperienza di non essere abbastanza bravi non possono ricevere quell'informazione. È vero per te? Se è così, per favore sappi che l'idea che non sei abbastanza bravo è semplicemente un altro giudizio arbitrario che rinforza l'erroneità di te.

È una credenza dalla quale stai operando ed è molto probabile che sia dovuta all'abuso che hai vissuto. I giudizi su te stesso non sono una verità su di te e possono essere cambiati.

Questi sono alcuni dei segni che indicano la presenza dell'abuso nella tua vita.

Se ne riconosci qualcuno, potrebbe indicare che stai ancora sperimentando le conseguenze di quell'abuso nella tua vita.

Alcune Cose che Puoi Fare per Andare Oltre l'Abuso

Assicurati che l'Abuso Non Sia Ancora Presente

Se hai subito abuso nel passato, probabilmente stai scegliendo di essere con persone abusive nel tuo presente, perché ti sembra una cosa normale. Potresti, per esempio, ricevere abuso verbale continuo dal tuo partner, dai colleghi, dagli amici e dai parenti.

Una delle mie clienti, una donna che chiamerò Susanna, fece esperienza di abuso verbale ed emozionale durante l'infanzia. All'inizio non era consapevole che l'abuso l'avesse portata nella sua vita da adulta a scegliere "amici" che la stavano umiliando. Ciò non significa che non avessero alcune buone qualità o che Susanna non si divertisse con loro, ma questi "amici" trovavano sempre il modo di sembrare meglio di Susanna e le lasciavano una sensazione di inferiorità. Quando la mia cliente finalmente divenne consapevole del fatto che il loro comportamento era abusivo, fu in grado di onorare se stessa lasciando andare questi cosiddetti amici. All'inizio fu una sofferenza, perché non aveva molti altri amici, ma gradatamente iniziò a invitare persone nella sua vita, che non la giudicavano. Erano dei veri amici, che la onoravano, la sostenevano e festeggiavano con lei le sue vittorie e i suoi successi.

Osserva la tua vita ora:

- Le persone presenti nella tua vita ti sostengono e ti potenziano davvero? O ti giudicano?
- Ti stanno sminuendo o umiliando in qualche modo?

Se nella tua vita è presente qualcuno che è abusante, puoi fare la scelta di riconoscere questo fatto e di mantenere la tua relazione con quella persona, ma il mio consiglio è di considerare di allontanarti da essa.

A volte le persone giustificano il loro abuso su di te sottolineando tutte le loro meravigliose caratteristiche e tutte le cose buone che hanno fatto. Per favore, non ti fare intrappolare e non berti le loro giustificazioni. L'abuso è abuso, anche se ci sono alcuni aspetti positivi nella relazione. Non devi stare in una relazione dove cerchi di rendere giuste le cose sbagliate. Che sia con un amico, con un familiare o con qualcun altro, ti incoraggio a uscire dalla situazione abusante il più in fretta possibile.

Non esiste mai una ragione o una giustificazione per permettere a qualcuno di abusarti.

Rendi la Gentilezza Qualcosa che Osservi Attivamente

Se ti rendi conto di essere stato attratto da persone che sono abusanti, riconosci che puoi scegliere di cambiare questa cosa. Il primo passo potrebbe essere iniziare a notare come le persone si trattano a vicenda. Osserva le relazioni che sono molto diverse da quelle a cui sei abituato. Nota gli individui che hanno cura amorevole. Chiedi agli altri: "Chi conosci di gentile? Come potrebbe essere?" Chiedi all'universo: "Mi piacerebbe incontrare qualcuno che sia di vero supporto, degli amici veri. Che cosa ci vorrebbe?" e inizia a cercarli.

Puoi vedere esempi di gentilezza e di cura amorevole guardando la tv, i film o leggendo libri. Rendi la gentilezza qualcosa che osservi attivamente. Allora potrai farla diventare qualcosa che cerchi. Potresti sentirti a disagio per un po', ma puoi comunque renderla un obbiettivo e puoi cambiare l'energia che ha creato l'abuso attuale nella tua vita. Ed ecco la morale: sai, a qualche livello, anche se l'hai negato, quando qualcuno è gentile o abusante con te. Quindi, segui ciò che sai.

Se l'Abuso Non È Più Presente, Riconosci che È Terminato

Ora sei in uno spazio diverso. Sembra logico, ma molte persone non lo capiscono. Si comportano come se l'abuso stesse continuando. Continuano ad agire da uno spazio di iper-vigilanza. Una volta che ti permetti di sapere che l'abuso è finito, è come aprire una porta a un futuro diverso.

Stai Invitando l'Abuso?

Se l'abuso sta continuando nella tua vita, c'è qualcos'altro che devi notare. Potrebbe non essere una domanda facile da porti, ma è vitale: stai invitando l'abuso nella tua vita? Semplicemente per il fatto che sei stato abusato, non significa necessariamente che tutti ce l'abbiano con te. A volte le persone che sono state abusate in passato creano e invitano l'abuso nel presente.

Spesso le persone che arrivano da un'infanzia abusiva creano, consciamente o inconsciamente, le stesse circostanze abusanti nei loro matrimoni o nelle loro relazioni. Non sto cercando di dare la colpa alla vittima, ma è importante capire se stai ricreando l'abuso che hai sperimentato. Non si tratta solo del tipo di persone con cui creiamo le relazioni. Riguarda anche ciò che diciamo e insegnamo loro, energeticamente e a parole, su come dovrebbero trattarci.

Ho lavorato con un cliente che recentemente ha divorziato. Gli chiesi perché avesse lasciato la moglie. Mi disse: "Non ho mai picchiato nessuno in vita mia. La mia ex era stata in tre relazioni fisicamente abusanti prima di incontrarmi, ed energeticamente e verbalmente continuava a pungolarmi per picchiarla. Era come se dovesse dimostrare che è questo ciò che fanno gli uomini: abusano le donne. Il giorno che stavo per tirarle un pugno mi sono fermato e sono uscito di casa. Fu la fine del mio matrimonio."

Fai Domande

Fatti molte domande sulle conclusioni e sulle decisioni a cui sei giunto riguardo l'abuso. Metti in discussione il sistema di credenze che ti sei bevuto dalle persone intorno a te. Chiediti:

- Le conclusioni, le decisioni e le credenze a cui sono giunto riguardo l'abuso, sono davvero mie? O appartengono a qualcun altro?

In questo modo capirai cos'è vero per te. E questo è importante.

Un'altra domanda che ti incoraggio a porti è:

- Che dono ho ricevuto dall'abuso che ho sperimentato?

Questa è un po' come la domanda: "Che cosa c'è di giusto nella tua dipendenza?" Quando inizi a vedere gli aspetti negativi e positivi di qualcosa, ti apri a maggiori possibilità. Guarda ciò che quell'abuso ha creato e che non ti è stato utile. Ma sii anche aperto riguardo ciò che quell'esperienza sta facilitando per te e per altre persone nel mondo.

- L'esperienza dell'abuso ti ha dato la consapevolezza richiesta per creare una differenza nel mondo?
- Ti ha reso una persona più forte?
- Hai fatto l'esigenza a te stesso di fare qualcosa per assicurarti che non succeda ad altre persone?
- O hai fatto l'esigenza a te stesso di trattare gli altri sempre con onore e rispetto, ovvero come avresti dovuto essere trattato tu, ma non è stato così?

Fatti queste e altre domande che potrebbero venirti. Potresti scoprire che c'è stato un dono assolutamente inatteso nell'abuso di cui hai fatto esperienza.

Fai Pratica nel Dire *No*

Ciò che molti bambini imparano da qualsiasi forma di abuso è che non hanno il controllo delle loro vita. Sono gli effetti degli altri e non hanno il diritto di dire no. È vero per te? Hai ancora delle difficoltà a dire no? Credi di non avere il diritto di dire no? Sai una cosa? Ce l'hai. Puoi dire no in molti modi. È qualcosa con cui puoi fare pratica e diventare bravo.

Prendi l'abitudine di dire no a qualcuno o a qualcosa ogni giorno. Può essere una cosa piccola e puoi dirlo in maniera educata. In un ristorante puoi dire: "No, grazie. Penso che non berrò un altro caffè." Puoi rispondere a un invito dicendo: "No, grazie, non sono interessato ad andare a vedere quel film." Puoi dire no a una richiesta: "No, non sarò in grado di portare a spasso il tuo cane mentre sei via." Oppure puoi dire a te stesso: "No, non mi mangerò quella pallina extra di gelato."

Un altro modo per dire no è: "Scusami, ma non mi funziona." Questo non richiede di confrontarti con l'altra persona o di farle mettere sulla difensiva. Non devi dare a nessuno alcuna spiegazione per la tua risposta, e se qualcuno cerca di farti pressione per spiegare te stesso, puoi semplicemente continuare a dire: "Scusami, ma non mi funziona." Uno degli errori più grandi che facciamo è credere di dover dare delle spiegazioni, delle ragioni e delle giustificazioni per le nostre risposte, specialmente se stiamo rifiutando. Ma ecco la verità: non devi.

"Scusami, ma non mi funziona" potrebbe non essere abbastanza potente per fermare alcune persone, ed è lì che devi dire:

"No, non lo farò.", ma "Scusami, ma non mi funziona" è un buon modo per iniziare. Provalo e vedi cosa riesci a farne.

Potrebbe anche essere utile recitare o praticare il dire no di fronte a uno specchio. "No mamma, non verrò a casa per Natale quest'anno.", "No, non ospiterò queste persone oggi. Non mi funziona." Se hai un amico che ti sostiene e che non ti critica o giudica, chiedigli di poter far pratica insieme. Non è dire no da uno spazio di fifarella: è farlo dal sapere che hai vera scelta.

La capacità di dire no è cruciale affinché tu ti possa mostrare per quello che sei, ed è cruciale per andare oltre la dipendenza; include anche (almeno all'inizio, mentre ci stai lavorando su) dire no alle circostanze che sai possono attivare il tuo comportamento dipendente o compulsivo.

Stavo lavorando con una cliente che aveva problemi con il mangiare troppo e l'abbuffarsi, e stava andando molto bene da circa tre settimane. Poi un giorno mi mandò una mail dicendo che aveva fallito e si stava giudicando terribilmente perché era andata a una festa e si era abbuffata. Quando le chiesi delle circostanze, mi rispose di sapere in anticipo che ogni elemento della festa avrebbe offerto l'innesco per la sua abbuffata: la qualità del cibo, la quantità dello stesso e le persone presenti alla festa. Ciò che emerse fu una sua consapevolezza riguardo le fasi precedenti del lavoro sui suoi problemi col cibo, ossia che non era gentile o utile mettersi in situazioni in cui il cibo l'avrebbe provocata. Non ti impostare sul fallimento. Il tuo comportamento dipendente o compulsivo è stato con te per molto tempo, quindi datti il tempo, lo spazio e l'ambiente che ti sono necessari per superarlo. Questo potrebbe coinvolgere il dire no a circostanze che potrebbero innescare il tutto.

Ascolta CD e Classi Registrate sull'Abuso

Molti cd e classi registrate sul ripulire l'abuso sono in vendita nello shop di Access Consciousness®*. Molte persone hanno ricevuto una guarigione e cambiamenti immensi grazie a essi.

Ti incoraggio a usare lo strumento leggero/pesante per vedere se possono esserti d'aiuto nel ripulire i problemi dell'abuso passato.

---

*Guarda nella sessione "Risorse" alla fine del libro

Ricevi dei Bodywork

A molte persone che hanno sperimentato abusi, in particolare abuso fisico o sessuale, non piace che i loro corpi vengano toccati. Ma quando ti sentirai pronto, prendi in considerazione di ricevere un bodywork che vada bene per te e il tuo corpo. Può essere molto utile e curativo per te, perché quando si fa esperienza dell'abuso tendiamo a rinchiuderlo nel nostro corpo.

Ho usato i processi sul corpo di Access Consciousness® con grande successo per aiutarmi a rilasciare il dolore e gli effetti collaterali dell'abuso. Ci sono anche altre modalità. Trova quella che funziona davvero per te.

Distruggi e S-Crea il Passato

Ecco un'altra cosa semplice, ma molto potente che puoi fare: sa la frase di pulizia per distruggere e s-creare il tuo passato. Immagina quanto liberatorio sarebbe distruggere e s-creare tutti i bagagli (le decisioni, le credenze e le altre forme di giudizio che ti sei portato dalle tue esperienze passate, incluso l'abuso). Se sei disposto a lasciare andare il tuo passato, potrai avere un futuro completamente diverso.

Ogni mattina e/o ogni sera, dì semplicemente:

Tutto ciò con cui mi sono allineato e accordato, o a cui ho reagito e resistito prima di questo momento, tutto ciò che ho solidificato e reso reale, ora revoco, ritratto, rescindo, reclamo, rinuncio, denuncio, distruggo e s-creo tutto. Giusto e sbagliato, bene e male, POD e POC, tutti e 9, shorts, boys e beyonds®.

Sappi che non puoi distruggere e s-creare qualcosa che in realtà è vera.

Ciò che stai distruggendo e s-creando sono le bugie, le non verità, i giudizi e i sistemi di credenza che hai adottato nel passato e che ti stanno limitando nel presente.

Strumento: Questo Non Sono Io

Uno strumento che puoi usare quando ti trovi a far riferimento al passato e desideri diventare più presente, è dire a te stesso: "Questo non sono io." Tu non sei la stessa persona che ha sperimentato l'abuso. Anche se stai parlando del passato di dieci o venti secondi fa, tu non sei la stessa persona che eri allora. Sei cambiato energeticamente e così anche l'ambiente. Quindi, ogni volta che ti trovi a riferirti al passato, ricorda a te stesso: "Oh! Non sono io."

Pratica la Gratitudine Ogni Giorno

Hai notato che l'energia della gratitudine è molto espansiva, mentre l'energia del risentimento e della colpa è molto contratta? Praticare la gratitudine può aiutarti a creare un futuro che è molto diverso dal tuo passato.

Non sto parlando di essere grato per la tua salute o per altre cose importanti. Sto parlando di scoprire piccole, specifiche cose per le quali sei grato e dire perché lo sei. Di solito non raccomando di farti domande che usino il perché, ma in questo caso vedere perché sei grato per qualcosa ti dà un'indicazione di ciò che per te conta. E questa è un'ottima informazione da avere. Quando ti focalizzi sulle cose per cui sei grato, allontani la tua attenzione dal dolore e dai problemi, e crei un'energia che ti aiuta ad andare verso una vita più espansiva.

Per esempio, ieri ero grata per aver ricevuto una mail da una persona disposta a tradurre il mio lavoro in spagnolo, perché significa che posso andare in Messico e condividere ciò che faccio. Sono grata anche perché le piante stanno bene: amo sedermi nel patio accanto a loro. Puoi anche essere grato per il progresso che stai facendo con il tuo comportamento dipendente o compulsivo. Puoi essere grato verso te stesso per non fumarti quella quarta sigaretta o per esserti frenato nella tua normale abitudine di criticare i tuoi bambini, o te stesso.

Di solito servono tre settimane per creare un'abitudine, quindi ti incoraggio a lavorare attivamente a questo per almeno ventun giorni, finché essere nella gratitudine diventerà un approccio più naturale per te.

Pratica Atti Casuali di Gentilezza e di Cura Amorevole

Un'altra cosa che puoi fare è praticare atti casuali di gentilezza e cura amorevole, per te stesso e per gli altri.

Di nuovo, non devono essere cose grandi. Ti sto suggerendo di fare piccole cose, come sorridere alla commessa del supermercato, raccogliere qualcosa che qualcuno ha fatto cadere, guardare qualcuno negli occhi e salutarlo in maniera genuina, o prenderti mezz'ora al giorno solo per te.

Fare dei piccoli atti gentili come questi ti riporta nel presente - e una delle cose che più ti sarà d'aiuto nell'andare oltre l'abuso e la dipendenza è fare qualsiasi cosa in tuo potere per stare presente. C'è qualcosa nel sorridere a qualcuno, coccolare un cane o preparare un pranzo amorevole e salutare per te stesso che ti aiuta a essere più presente. Ed essere più presente permette ulteriore gioia e la possibilità di andare oltre l'abuso e la dipendenza.

CAPITOLO OTTO

Dipendenza e Corpo

*Non ho mai conosciuto nessuno, che fosse
completamente a suo agio con il corpo, che assumesse
un comportamento dipendente o compulsivo.*

Una volta, in un programma di riabilitazione tradizionale, chiesi a un gruppo di donne sobrie come si sentissero riguardo al loro corpo. Mi guardarono come se fossi pazza. La loro risposta fu: "Perché ci fai questa domanda? A volte il corpo ci è utile, ma... è qualcosa alla quale non ci piace pensare."

Fui nello stesso programma di riabilitazione per diversi anni e avevo lo stesso punto di vista sul mio corpo. Per gran parte della mia vita non gli prestai molta attenzione. Era un qualcosa che mangiava, beveva e fumava... E a volte lo faceva in eccesso. Ogni tanto era una fonte di piacere. A volte era una fonte di dolore, ma per la maggior parte delle volte era un qualcosa a cui non pensavo, o peggio, giudicavo e denigravo.

Quando rividi quel programma di recupero, mi resi conto che non venne mai detto nulla riguardo al corpo, a eccezione del fatto che aveva un'allergia all'alcol. In altre parole il mio corpo era parte del problema. Era una delle ragioni per cui ero "un'alcolizzata."

La nozione che il corpo sia un problema, e sia un qualcosa che deve essere screditato e denigrato, riflette un grande problema sul modo di pensare ai corpi nella nostra cultura. Che sia a causa dell'influenza giudaica-cristiana, l'enfasi è sull'importanza della mente o su altri fattori, mentre i corpi tendono a essere relegati in una posizione molto bassa. Sono qualcosa che dobbiamo mettere da parte mentre siamo sul pianeta terra. Molte tradizioni spirituali e religiose rendono il corpo inferiore. Viene visto come la dimora dello spirito finché lo spirito può lasciare il corpo, andare in un posto migliore o diventare qualcosa di più importante. Nella nostra cultura tendiamo anche ad associare i corpi con gli animali, che sono visti come forma inferiore di vita.

Hai trascurato il tuo corpo lavorando troppe ore, decidendo che la tua lista delle cose da fare fosse più importante del dormire, mangiando troppo o bevendo dosi eccessive di alcol? Ti sei impegnato in attività che erano dannose per il tuo corpo? Quando ti svegli al mattino, ti guardi allo specchio e giudichi pesantemente il tuo corpo? Hai dato un calcio al tuo corpo mandandolo sotto il letto come se fosse un qualcosa da ignorare? Hai trattato così il tuo corpo? Io l'ho fatto, fin quando mi sono resa conto di quale dono in realtà fosse.

Parte dell'antidoto alla dipendenza - al te che stai essendo te stesso - sta nell'abbracciare il corpo e tutto ciò che esso ha da offrire. Quindi mi piacerebbe parlare dei nostri corpi e del modo in cui hanno a che fare con la dipendenza e la riabilitazione.

La Dipendenza è Pesante sul Tuo Corpo

Prima di tutto, sotto un aspetto molto pratico, la dipendenza logora il tuo corpo. Quando adotti un qualsiasi tipo di comportamento dipendente o compulsivo, non sei presente con il tuo corpo. Non puoi ricevere le informazioni e la consapevolezza che ha da offrirti.

Ed ecco un punto ancora più importante che riguarda la dipendenza e i corpi: se sei disconnesso dal tuo corpo non andrai mai oltre il tuo comportamento dipendente o compulsivo. Il massimo che potrai fare sarà gestire i sintomi in un programma che dura tutta la vita. Perché? Perché il tuo corpo è cruciale per la tua vita e per la tua esistenza. Tu e il tuo corpo non siete la stessa cosa, ma siete intimamente connessi. Il tuo corpo può essere il tuo partner o il tuo miglior amico, ma se ti disconnetti da esso non puoi essere presente tanto da permetterti di andare oltre il tuo comportamento dipendente o compulsivo.

Poche persone hanno l'informazione e gli strumenti di cui hanno bisogno per connettersi con i loro corpi. Probabilmente ti è stato insegnato a vedere il tuo corpo come un oggetto. Nessuno ti ha mai detto che il tuo corpo è conscio. Ebbene, mi piacerebbe dirti proprio ora che il tuo corpo è conscio. Ha delle preferenze, dei desideri e dei punti di vista. Il tuo corpo è colui che mangia, è colui che indossa vestiti ed è sempre lui a richiedere un riparo. Più sei connesso con il tuo corpo, più l'ascolterai, e più queste aree della tua vita diventeranno armoniose.

Tutti siamo consapevoli della comunicazione del nostro corpo quando lo sperimentiamo come dolore. Il dolore in realtà è l'ultima risorsa che il corpo ha per comunicare con te. Diventando più consapevole del tuo corpo noterai che comunica con te in modi più sottili. Dal momento che è più energetico che cognitivo, è un po' difficile descriverlo a parole. Ma se sei disposto a far pratica nell'essere più presente con il tuo corpo, ti troverai a essere sempre più consapevole delle informazioni di valore che esso ha da trasmetterti.

A un certo punto iniziai a riconnettermi con il corpo. Non ero ancora sicura di come ascoltarlo, ma ero disposta a provarci. Ero in un negozio molto carino e trovai una giacca di jeans in vendita. Costa solo $20. Pensai: "Uh! Che carino! Voglio questa giacca." La provai e nella testa sentii: "Puoi comprarla, ma non la indosserò."

Il mio primo impulso fu di guardarmi in giro per vedere chi avesse parlato, ma in realtà sapevo che arrivava dal mio corpo. Quella fu la prima volta che ricevetti un messaggio dal corpo. Penso che venne tradotto in un pensiero in modo tale da poterlo sentire. Comunque dissi: "okay, non la compro. E ora che facciamo?"

La mia idea era di lasciare il negozio, ma l'energia disse: "No, non andartene."

"Okay corpo, questo è strano. C'è qualcos'altro qui che ti piacerebbe?"

"Sì" rispose il mio corpo. Questa volta la comunicazione mi giunse più come un'energia.

Andavo in giro per il negozio e immediatamente mi fermai di fronte a un pigiama rosa. Dissi: "Stai scherzando? Pigiama rosa?" Non sono mai stata una ragazza femminile e non avevo mai lontanamente indossato nulla del genere. Ma l'energia dal mio corpo diceva: "Sì!" quindi lo comprai.

Da allora scoprii che al mio corpo piacevano le cose femminili. Era contento di aver qualcosa che desiderasse davvero indossare. Mettemmo quel pigiama rosa per tre anni, fin quando non fu ridotto a uno straccio.

Ho avuto molte esperienze simili a questa con il mio corpo e sono andate oltre ciò che il mio corpo volesse mangiare o indossare. Una volta che ti sei connesso con esso, il tuo corpo ti darà informazioni su tutto. Mi trovavo all'aeroporto aspettando di andare in Europa; eravamo saliti su un aeroplano pronti a partire quando annunciarono che c'era qualcosa che non andava bene e che tutti i passeggeri dovevano sbarcare e proseguire verso un altro gate per prendere un volo diverso. Il mio corpo iniziò a dirigermi sotto forma di consapevolezza energetica e io seguii quell'energia.

Mi diceva: "Vai di qui, vai di là. Non fare questo. Vai al desk ora."
Il mio corpo sapeva cosa dovevamo fare per avere un posto comodo sul nuovo volo che avremo fatto su un aeroplano più piccolo e
con pochi posti a sedere, per avere abbastanza spazio per le gambe.
Avendo quindi seguito l'energia, ebbi uno di quei posti.

Questi sono solo alcuni esempi con i quali mi sono riconnessa con il corpo. Da allora ho aiutato diverse persone, che avevano
problemi di dipendenza, nello stesso processo di connessione con
i loro corpi.

Ascoltare gli Esperti

A volte le persone mi dicono che sono connesse con i loro corpi,
ma ciò che intendono in realtà è che hanno consultato un esperto
di dieta, un esperto di esercizi fisici o un esperto di abbigliamento,
per imparare ciò di cui hanno bisogno da imporre ai loro corpi.
Qualcosa come il 90% delle diete e dei programmi di esercizi fisici
fallisce. Perché? Perché impongono il punto di vista di qualcun
altro sul proprio corpo. E quanto ci si giudica dei fallimenti per
aver provato quella dieta, quel programma di esercizio fisico o di
trattamento della pelle, o qualsiasi cosa sia, senza alcun risultato?

Ora che ascolto il mio corpo non devo imporgli il punto di
vista di nessun altro. Non ho bisogno di diete. A volte il mio corpo
mi dice: "Potresti diminuire di un po' i carboidrati?" Non è tanto
una voce: è una consapevolezza.

Se ti connetti con il tuo corpo ti farà sapere ciò che richiede.
Come sarebbe se non dovessi più dipendere dagli esperti? Saresti
disposto a scegliere questo ora? Ogni volta che ascolti ciò che un
esperto dice essere giusto per te, senza consultare il tuo corpo, sminuisci te stesso e il tuo sapere, e ti rimetti nell'energia della dipen-

denza, dove la risposta è sempre al di fuori di te. Ancora una volta ti rendi inferiore.

Non sto dicendo che non dovresti ascoltare ciò che le persone dicono o che dovresti screditare le informazioni che ricevi: il mio punto di vista è che non hai bisogno di rendere nessuno un "esperto" e ignorare il tuo corpo. Per esempio, il tuo corpo potrebbe dirti: "Devi andare dal dottore." Così vai dal dottore e ti dice dieci cose che devi fare. Tu sei lì seduto che annuisci con la testa e dici: "Uh uh, sì dottore."

Non dici: "Mi spiace dottore, il mio corpo non è d'accordo con la quinta cosa" perché altrimenti penserà che sei pazzo. Dì solo: " Grazie mille!" Ricorda che in generale il dottore sta dipendendo da qualche altro cosiddetto esperto. Non seguirà il suo sapere.

Quando lasci lo studio del dottore chiedi al tuo corpo: "Corpo, di queste dieci cose che ci ha detto, quale funzionerà per te?"

Il tuo corpo potrebbe dire: "Uno, tre e sette. Il resto non funziona per me."

E tu dici: "Ok."

Quando torni dal dottore e ti chiede: "Come sono andate quelle cose?", puoi rispondere: "La uno, la tre e la sette molto bene, il resto non così tanto." Non devi dire che non le hai fatte. Gioca in accordo con ciò che funziona per la situazione, perché tu comunque sai che hai ascoltato il tuo corpo.

Come Tratti il Tuo Corpo?

Se il tuo corpo fosse un'altra persona alla quale sei molto vicino, come ti comporteresti con esso? Saresti grato per lui o per lei? Ascolteresti il tuo amico? Riconosceresti quant'è grandioso? Lo prenderesti per quello che è e forse gli chiederesti come migliorerebbe la sua vita o cosa gli piacerebbe? O saresti critico e cercheresti di cambiarlo dicendogli quanto sia stato sbagliato e stupido in una determinata situazione?

È così che ci è stato insegnato a trattare i nostri corpi. Pochissime persone dicono: "Sei un corpo fantastico. Grazie per essere con me, per sostenermi e per fare tutte queste meravigliose cose con me."

Quando inizi a comunicare con il tuo corpo dopo aver passato molto tempo a ignorarlo, potresti ricevere una risposta ostile. Considera questo nella luce di un amico che hai trattato malamente per anni. Lo chiami all'improvviso e gli dici: "Mi piacerebbe davvero essere tuo amico." Potrebbe esitare o essere sospettoso sul riprendere una relazione con te. Forse potresti scusarti con il tuo corpo per averlo ignorato e per averlo trattato senza cura. Puoi dire: "Corpo, mi dispiace per averti trattato così malamente per tanto tempo. Per favore, dammi un'altra possibilità. Vediamo se riusciamo a rimetterci sul giusto cammino insieme." Il tuo corpo può essere veramente il tuo migliore amico. Sai cosa lo rende tale? Il fatto che siete sempre assieme.

Quando permetti al tuo corpo di diventare il tuo migliore amico, stai facendo un passo avanti nell'abbandonare qualsiasi tipo di comportamento dipendente o compulsivo, perché ai corpi non interessano quei tipi di comportamento. Infatti, non ho mai conosciuto nessuno che fosse completamente a suo agio con il suo corpo nell'assumere qualsiasi comportamento dipendente compulsivo. Questi comportamenti semplicemente non accadono quando sei connesso al e con il tuo corpo (e il tuo corpo ti sosterrà per arrivare a uno spazio di scelta.)

Standard Arbitrari per i Corpi

Molte delle persone con cui lavoro cadono nella trappola del cercare di adeguare i loro corpi a standard arbitrari che dettano quale aspetto debbano avere. Se sei una donna ti viene fatto credere che devi essere magra. Se sei un uomo va bene avere un po' più di peso, a patto che tu sia grosso e che abbia muscoli. Non si tratta mai di accettare il tuo corpo e celebrarlo; al contrario, si cerca sempre di farti scoprire ciò che è sbagliato nel tuo corpo, cosicché tu possa comprare un programma, un cibo, un video, un integratore o un video di esercizi. O forse si tratta di farti fare un intervento di plastica o delle iniezioni di botox, così da poterti adeguare ed essere finalmente felice del tuo aspetto (ma, ovviamente, non lo sarai mai perché troverai qualcos'altro di sbagliato nel tuo corpo.)

Il Tuo Corpo Sa che Aspetto Vuole Avere

Il tuo corpo in realtà sa che aspetto vuole avere. Vorrebbe essere di una determinata taglia e forma. Stai imponendo l'ideale di qualcun altro sul tuo corpo? Se lo stai facendo ti incoraggio di smettere subito. Potrebbe sembrare strano, ma puoi chiedere al tuo corpo come desidererebbe apparire e te lo farà sapere. Dì semplicemente: "Corpo, mostrami come ti piacerebbe apparire." Potrebbe non risponderti immediatamente, ma se sarai disposto a continuare a chiedere e a essere consapevole, un giorno mentre camminerai per la strada, qualcuno passerà e il tuo corpo dirà: "Così!" o una sera mentre stai guardando la tv il tuo corpo dirà: "Ecco!"

Fai sapere al tuo corpo che sei disposto a permettergli di essere la taglia e la forma che desidera essere e che lavorerai con esso per raggiungere quell'aspetto. Immaginate per un momento come sarebbe avere un corpo che si sente meraviglioso, bellissimo e felice di sé. È necessario apparire come le riviste di moda definiscono essere il corpo perfetto? Forse no, ma se lo sentirai piacevole, non avrà importanza. Più sei felice e connesso con il tuo corpo, e meno sarai portato ad assumere comportamenti dipendenti o compulsivi.

Una Visione Non-Critica del Tuo Corpo

Ti invito a cercare di avere una prospettiva diversa sul tuo corpo. Se guardassi il tuo corpo attraverso gli occhi di un gatto o di un cane, che sono gli occhi del non-giudizio, cosa vedresti? Il gatto penserebbe: "Oh, wow! Il tuo culo è così grosso!"? o "Non posso credere che non hai nemmeno un po' di pettorali!"? o "Bleah, hai un sacco di rughe!"? Non penso proprio.

Una delle ragioni per cui è così facile stare vicino agli animali è che non hanno assolutamente alcun giudizio riguardo i corpi. Riesci a immaginare una lucertola che prende il sole su una roccia dire: "La mia pancia è sproporzionata alla mia coda. Dovrei davvero fare qualcosa al riguardo"? C'è così tanta allowance e gratitudine per i corpi in natura. Permettimi di esprimere un concetto: la dipendenza non esiste in natura. È una creazione umana.

Dolore

Quando parlo di corpi spesso mi chiedono: "Che ne dici del dolore? Io ne ho così tanto."

Pensi che il dolore possa essere uno dei modi con cui il tuo corpo entra in contatto con te, specialmente se l'hai ignorato per anni? Ho scoperto che il dolore è l'ultima risorsa che il corpo usa quando non sa cos'altro fare. All'inizio cerca di richiamare l'attenzione con un tocco leggero come una piuma, ma tu dici: "No, non ho sentito nulla". Poi ti dà una spintarella e dici: "Questa è stata un po' scomoda, ma andrò avanti e farò un po' di esercizio, o andrò ad aiutare quest'amico di nuovo, o berrò ancora un po'... qualsiasi cosa per distrarmi dal corpo. Non presterò attenzione a quella piccola spinta."

E poi il tuo corpo ricorre al dolore perché non hai ascoltato le sue comunicazioni più sottili. Il dolore è il modo in cui il corpo richiama la tua attenzione. Quando hai ciò che viene chiamato dolore (e ti incoraggio a usare la parola intensità, perché quest'ultima porta via la connotazione negativa), chiedi:

"Ehi corpo, quale consapevolezza mi stai dando che non sono disposto a ricevere?"

Potresti non ricevere subito una risposta, ma se continui a usare questa domanda, alla fine permetterai a te stesso di avere quella consapevolezza.

Recentemente ho creato molto dolore (intensità) nel collo. Perché dico che l'ho creata? Perché non sono stata disposta ad ascoltare i sottili segnali del mio corpo. Nel momento in cui questa intensità è stata maggiore sapevo di dover iniziare a fare domande e ascoltare le risposte del mio corpo. Quando finalmente ho chiesto al mio corpo ciò che stava succedendo, mi sono resa conto che non ero stata disposta a permettergli di avere l'energia e il sostegno che richiedeva per portare avanti tutto ciò che stavo facendo. Quando ho cambiato le mie abitudini e sono diventata disposta a prendere nuovamente in considerazione il mio corpo, l'intensità è sparita.

Se stai sperimentando intensità nel tuo corpo ti incoraggio a continuare a fare domande. A un certo punto avrai una consapevolezza di ciò che devi fare per cambiare la situazione. Significa che non devi usare medicinali o andare dal dottore? No, ma c'è sempre qualcos'altro che puoi fare per accelerare il tuo recupero e diminuire enormemente l'intensità che stai sperimentando.

Portare Via Cose dagli Altri Corpi

Lavoravo con una cliente con dipendenza da alcol, ma non riuscivamo a risolvere il caso. Abbiamo lavorato per circa sei settimane, ma non si stava smuovendo nulla, cosa molto insolita. Alla fine le chiesi: "Ma di chi è questa dipendenza?"

Mi guardò come colta di sorpresa e disse: "Oh, è di mia madre." Non ha mai più avuto un problema di alcol!

La stessa cosa può essere vera per l'artrite, i mal di testa, o qualsiasi altra cosa stia succedendo nel corpo. Ciò non è difficile da capire se ti ricordi che tutto è energia. Il tuo corpo è energia. Il tavolo è energia. I pensieri, i sentimenti e le emozioni sono energia. La dipendenza è un'energia. Il corpo può portare via tutte queste forme di energia dai corpi delle altre persone.

Quindi, quando percepisci qualcosa che sta succedendo al tuo corpo, ricordati di chiedere: "È mio o di qualcun altro?", o "a chi appartiene?". Se scopri che non è tuo, rimandalo al mittente. Non stai aiutando gli altri assumendo su di te la loro malattia o condizione fisica. Non guarisci il loro dolore prendendolo su di te. Quando lo fai è comunque presente in loro a qualche livello energetico, ma non possono guarirlo perché gli viene portato via. Rimandarlo al mittente è di beneficio per tutti.

Mangiare e Corpi

Ho un programma chiamato: "Stai Mangiando per Vivere, o Stai Vivendo per Mangiare?"

La maggior parte delle persone che s'iscrivono a questo programma sono consapevoli che non hanno una relazione molto divertente con i loro corpi; molti di loro stanno lottando continuamente contro di esso. È un circolo vizioso: vogliono un pezzo di torta al cioccolato, poi lo mangiano, poi si arrabbiano con se stessi per averlo mangiato. Poi, per evitare la brutta sensazione che hanno creato giudicando se stessi, si mangiano un altro pezzo di torta al cioccolato.

All'inizio di questo programma chiedo ai partecipanti cosa vorrebbero ricevere dal programma e la maggior parte mi dice: "Mi piacerebbe perdere peso." Pochissimi dicono che vorrebbero avere una relazione migliore col corpo. Alla fine del programma chiedo: "Siete felici dei risultati ottenuti?" È straordinario come rispondono le persone. Invece di dire: "Mi sento benissimo con il mio corpo perché ho perso peso" alla fine, quasi all'unanimità, rispondono con frasi del tipo: "Ho perso del peso, ma non mi interessa davvero più. La mia relazione con il corpo è cambiata così tanto. Non lo giudico più così duramente. Ora gioisco del mio corpo e ci stiamo divertendo tanto. Ieri siamo andati a nuotare e abbiamo giocato con i bambini. Il mio corpo ora mi fa sapere che cosa vuole mangiare e lentamente riesco a vedere come stia cambiando. Sto più dritta. Sono più in forma. Sono molto più consapevole del mondo dei miei cinque sensi. Mi piacerebbe ancora buttar giù qualche chilo, ma non è quello che occupa interamente la mia attenzione. Ciò che invece mi interessa è avere gratitudine per il mio corpo e lavorare con esso in un modo che onori entrambi."

Il tuo corpo ha sempre, a qualche livello, un ruolo nel tuo comportamento dipendente compulsivo. Il corpo, così come la natura, non risuona con la dipendenza o con la compulsività. Nella dipendenza devi staccarti da esso e scavalcarlo in modo da forzarlo a partecipare. Più sei in contatto con il tuo corpo, più l'onori, e più ti aiuterà ad andare oltre il tuo comportamento dipendente o compulsivo.

Alcune Cose Che Puoi Fare Per Nutrire il Tuo Corpo

Ecco alcune cose che io e i miei clienti abbiamo scoperto essere nutrienti per il corpo. Probabilmente avrai le tue cose da aggiungere a questa lista, quindi per favore, continua a chiedere al tuo corpo cosa sarà nutriente per esso. Il tuo corpo cambia continuamente, quindi potresti avere diverse risposte ogni volta che chiedi.

Abbracci

Gli abbracci, i veri abbracci, sono molto nutrienti per i corpi. Non sto parlando di quegli abbracci in cui stai il più lontano possibile e ti sporgi in avanti verso la persona per batter loro sulla spalla. Non dicono molto questo tipo di abbracci. E non sto parlando nemmeno di irrigidirsi in un abbraccio tanto da sembrare una statua di pietra. E non sto nemmeno parlando di quegli abbracci che qualcuno usa come scusa per palpeggiare il tuo corpo. Sto parlando di quegli abbracci che sono una connessione genuina tra due corpi, dove c'è molta cura amorevole, connessione e nutrimento: è il vero dare e ricevere per il tuo corpo.

Massaggio

Il massaggio può essere un altro modo di donare al tuo corpo. Chiedi: "Ti piacerebbe un massaggio o un'altra forma di bodywork?" Se è così, chiedi che ti mostri chi possa farti questo bodywork. Non dire: "Questo è il bodyworker più famoso nella mia zona," o "questo è il meno caro." Chiedi al tuo corpo: "Da chi ti piacerebbe andare?" Se è molto caro, dì al tuo corpo: "Sono contento di portarti da quel bodyworker, ma ho bisogno di assistenza nel generare i soldi." Il tuo corpo può aiutarti. È straordinario ciò che può portare nella tua vita, ma devi connetterti a esso. Devi chiederlo.

I Bars*

I Bars sono un processo sul corpo che può essere incredibilmente nutriente per i corpi. Molti dei miei clienti hanno scoperto di aver meno desiderio di assumere il loro comportamento dipendente o compulsivo dopo poche sessioni di Bars.

La persona che riceve i Bars di solito è sdraiata su un lettino da massaggio e il facilitatore posiziona gentilmente le sue mani su 32 punti diversi della testa della persona. Questo rilascia molta "spazzatura" che il corpo ha assunto (i pensieri, i sentimenti e le emozioni che ha raccolto da altre persone). È un po' come cancellare i file dal computer. Nel peggiore dei casi ci si sente come dopo un buon massaggio; nel migliore dei casi, si aprirà la porta per il cambiamento nella propria vita.

Processi sul Corpo*

Ci sono diversi processi sul corpo straordinari offerti dai facilitatori di Access Consciousness®. Se ti interessa, puoi guardare il sito web di Access Consciousness® per trovarli e vedere i corsi nella tua zona.

Sorrisi

Sorridere è un'altra cosa molto semplice ed efficace da fare. Nel suo stato naturale il corpo è felice. Gli piace sorridere e il sorriso può avere diversi effetti positivi sul corpo. Può abbassare la pressione del sangue, rilasciare endorfine e diminuire lo stress. Ti incoraggio caldamente a sorridere di più.

Ci sono molti altri esercizi e attività che puoi fare per entrare in contatto con il tuo corpo, nutrire e avere cura amorevole per il tuo corpo. Ti invito a esplorare quest'area e vedere quanto più grandiosa può essere la connessione con il tuo corpo.

---

*Puoi trovare un Facilitatore di Bars o di processi sul corpo vicino a te attraverso il sito di Access Consciousness®: www.accessconsciousness.com

CAPITOLO NOVE

Dipendenza e Vite Passate

Nessuna cosa in particolare è la causa della tua dipendenza e nessuna cosa in particolare ne è la risposta, ma le vite passate potrebbero giocare un ruolo fondamentale nel tuo continuo comportamento dipendente o compulsivo.

Nel mio lavoro con la dipendenza per i passati 20 e più anni, ho incontrato persone che avevano provato più e più volte a ripulire il loro comportamento dipendente o compulsivo, ma che non sono state in grado di farlo finché non ho chiesto loro delle vite passate.

Guardare le vite passate può essere un elemento che permette alle persone di allontanarsi dalle loro dipendenze. Ma esse non sono mai la causa della dipendenza. Alla fine della fiera, andare oltre una dipendenza dipende dalla tua disponibilità ad avere più di te stesso e a fare le scelte che ti permetteranno di essere più consapevole e più presente nella tua vita.

In questo capitolo mi piacerebbe parlarti di alcuni dei clienti che sono stati in grado di allontanarsi dalla loro dipendenza dopo aver pulito la connessione tra una vita passata e il loro comportamento dipendente compulsivo attuale. Non è assolutamente richiesto che tu creda alle vite passate. Quello che ti sto chiedendo di fare è considerare di usare uno strumento come il "leggero/pesante" per vedere se è qualcosa che potrebbe applicarsi a te.

Disturbi Alimentari e Vite Passate

Prima di scoprire gli strumenti di Access Consciousness® avevo scelto di non accettare clienti con disturbi alimentari nella mia pratica psicoterapica perché la percentuale di successo nel trattamento di questi soggetti è molto bassa. Anche nella psicoterapia "classica" si dice che le persone bulimiche, anoressiche, o che si abbuffano di cibo continueranno a lottare con la loro condizione per il resto della loro vita e che probabilmente non la supereranno mai. Spesso queste persone vengono ospedalizzate, monitorate e messe in regimi alimentari ristretti, ma nessuno di questi metodi funziona davvero. Queste azioni gestiscono i sintomi anziché dare degli strumenti, delle informazioni e dei processi atti a farli uscire dal loro comportamento. Era doloroso per me lavorare con persone che non avevano alcuna reale speranza di ripresa, quindi scelsi di non lavorare con individui che avevano rapporti disordinati con il cibo. Gli strumenti di Access Consciousness® mi hanno fornito un metodo per approcciare questi disordini permettendo di disfare le decisioni, i giudizi e le conclusioni delle vite passate che mantengono in piedi il comportamento. Stavo usando da poco questi strumenti quando ricevetti una chiamata da una donna sulla quarantina che era stata bulimica fin da adolescente. Mi chiese se potessimo lavorare assieme. Mi disse che aveva provato la psicoterapia, ma di non aver avuto un buon risultato. Le risposi: "Non ho visto mai nessuno avere un grande successo con il tipo di disordini alimentari che hai tu. Non posso prometterti nulla, ma se sei interessata a provare ho degli strumenti, delle tecniche e delle informazioni che vengono da Access Consciousness® "

Mi rispose: "Proviamoci", quindi dopo quattro sessioni della durata di un'ora era libera dalla bulimia e non si ingozzò e abbuffò più. Ciò che è importante riguardo questa storia è che i suoi problemi con il cibo erano legati a una vita passata. Mentre lavoravamo assieme scoprimmo che più di 2000 anni fa era stata coinvolta nell'omicidio di qualcuno che sapeva essere innocente. Si portava dietro tantissimo senso di colpa che le richiedeva di punire continuamente se stessa privando il suo corpo di sostentamento. Quando fu in grado di distruggere e screare le decisioni e i giudizi che fece su se stessa nella vita passata cambiò tutto nel suo presente.

Ho scoperto che per molte persone con disturbi alimentari, il rapporto disordinato col cibo serve come punizione per l'Essere o per il corpo, a causa di ciò che loro considerano essere un crimine atroce commesso in una vita passata. Ho avuto anche molti clienti che si sono resi conto che l'essere morti di fame o la privazione di cibo nelle vite passate era uno dei fattori principali dietro il loro bisogno di riempire le loro dispense, i loro frigoriferi e i loro corpi.

Fumare

La decisione che una persona ha bisogno di essere punita per azioni di una vita passata, può avere un ruolo fondamentale anche in altri comportamenti dipendenti o compulsivi. Per esempio, ho lavorato con un uomo che aveva continuato a fumare per tutta la durata della sua vita da adulto, nonostante gli innumerevoli tentativi di smettere. Dopo aver provato diversi interventi, ma senza risultati concreti, gli chiesi: "Verità, ci sono vite passate coinvolte qui?"

Mi disse di sì e analizzò qualcosa che credeva di aver fatto. Era un'azione che aveva giudicato fosse così terribile che decise di non avere il diritto di respirare. Stava fumando in questa vita come modo per eliminare il suo respiro e lentamente uccidere se stesso, come punizione per quell'azione. Una volta che fu in grado di riesaminare la sua decisione perse la sua compulsione a fumare.

Essere una Vittima e Incoraggiare l'Abuso

Ho chiesto riguardo le vite passate anche quando le persone sembravano determinate a essere vittime e a incoraggiare l'abuso. Non sto dicendo che questo sia vero in tutti casi, ma se la persona sembra invitare continuamente trattamenti abusanti potrebbe esserci stato un incidente nella vita passata che la porta a credere che debba essere punita.

Recentemente parlai con una donna che mi disse che tutti nella sua vita erano abusanti con lei, anche le persone che normalmente erano gentili verso gli altri. Dopo che parlammo di come aveva creato quel comportamento negli altri, le chiesi: "Stai punendo te stessa per qualcosa che hai fatto in una vita passata?" "Sì."

Le chiesi: "Che cosa hai fatto?"

Mi rispose: "Ho ucciso tutta la mia famiglia."

"E in un'altra vita loro hanno ucciso te?"

"Sì"

"Capisci che tutti siamo stati e abbiamo fatto ogni cosa?"

Dopo che ebbe questa consapevolezza fu in grado di uscire da ciò che descriveva come "debito karmico" e riuscì a lasciar andare la sua creazione costante di situazioni abusanti. Tutti noi siamo stati qualsiasi cosa e abbiamo fatto qualsiasi cosa. Sei stato un re, una regina e uno schiavo; sei stato un guru e un seguace; sei stato un "nessuno" e un "qualcuno"; sei stato un barbone e sei stato ricco oltre ogni immaginazione. Sei stato una vittima di crimini e abusi e sei stato l'esecutore di crimini e abusi. Lasciar andare il giudizio di ciò che sei stato e di ciò che hai fatto ti può dare enorme libertà.

Ti può liberare dal bisogno di punire te stesso e gli altri, e darti lo spazio di essere presente e mostrarti per quello che sei.

Dipendenza da Relazioni

Le vite passate si mostrano anche nei casi di dipendenza da relazioni. Hai mai visto qualcuno in una stanza affollata e hai pensato: "Eccolo/a. Ho trovato il mio principe/la mia principessa?" Di solito questo genere di reazione indica che hai avuto molte vite con quella persona. E potresti aver fatto un sacco di voti, impegni, contratti e accordi con quella persona, del tipo: "Ti amerò per sempre; staremo sempre assieme; mi prenderò sempre cura di te". Potresti pensare a questa persona e chiedere "È davvero il mio principe/la mia principessa? O è qualcuno a cui ero attaccato in una vita passata?"

Quell'attaccamento potrebbe essere stato positivo, ma forse era negativo. Ho lavorato con un cliente che non riusciva a disconnettersi dalla sua ex molto abusante. Era stata incredibilmente crudele verso di lui. Gli rubò i soldi. Lo sminuì. Fece un sacco di cose cattive e lui diceva: "Ma la amo. Non so perché ma ho bisogno di stare con lei."

Prima di tutto "amare qualcuno" non è mai una ragione per stare con qualcuno, specialmente quando questa persona ti tratta male. La ragione per stare con qualcuno è che lui o lei espande e contribuisce alla tua vita.

Gli chiesi: "Stare con questa donna è espansivo per te?"

Mi rispose: "No, in realtà mi sta distruggendo, ma mi sento così dipendente da lei che non so cosa fare. Non riesco ad andare avanti."

Mentre iniziavamo a vedere che cosa stesse succedendo gli chiesi: "C'è una vita passata coinvolta in questo?"

"Sì, assolutamente. Molte, molte, molte."

"Quindi, qual è la tua consapevolezza?"

"Mi ha salvato la vita diverse volte, quindi sono in debito con lei, non importa quanto mi tratti male. Devo stare con lei e fare qualsiasi cosa voglia che faccia. Sono il suo schiavo."

Risposi: "Qualcosa riguardo questo è molto pesante. Lascia che ti faccia una domanda: è vero che ti ha salvato in tutte quelle vite?"

Fece una pausa, percepì meglio la situazione e disse: "No, erano bugie che mi aveva impiantato."

Una volta individuata la bugia fu in grado di superarla. La sua dipendenza verso questa relazione cadde come un castello di carte. La bugia era la carta che stava alla base e una volta tolta cadde tutto. Nell'ultima sessione mi disse: "Non penso più a lei." Aveva iniziato a dirigere la sua energia nel creare la sua vita.

Ecco la cosa interessante: il mio cliente sarebbe potuto andare nella direzione opposta; avrebbe potuto decidere che il karma, il trauma e il dramma di quegli incidenti delle vite passate fossero reali e venire così bloccato in esse per sempre. Ma non lo fece. Semplicemente le lasciò andare. Tutto cadde e ora lui è libero. Ma anche se la ex del mio cliente l'avesse salvato tutte quelle volte, sarebbe stata comunque una sua scelta. Quindi, comunque, lui non le doveva niente.

Ecco un'altra cosa da considerare: quanti "finché morte non ci separi" hai con tutte le persone con cui sei stato sposato o schiavizzato? Hai fatto dei contratti con le persone e, dal momento che l'Essere non muore mai, gli accordi stipulati milioni di anni fa potrebbero continuare e rovinare la tua vita presente. Potresti distruggere e screare tutti questi voti, patti, fedeltà, giuramenti, comealtà, accordi e impegni. Non hanno alcun posto nella tua vita ora.

Vivere nel presente significa essere con ogni persona della tua vita nell' "adesso" e avere una scelta riguardo cosa farai ogni 10 secondi. Riesci a percepire l'energia di questo? Quanto è leggero?

Aiutare gli Altri Compulsivamente

Gli impegni del passato possono essere all'opera anche quando le persone sentono un forte bisogno di aiutare gli altri. In passato potresti aver preso degli impegni in ordini religiosi, o in altri gruppi, e potresti sentire di aver tradito delle persone o di essere stato la causa della loro distruzione non avendo mantenuto le tue promesse. Se noti che c'è una qualità compulsiva riguardo il cercare di aiutare qualcuno o risolvere i suoi problemi, o se senti di doverlo assistere e che questo è il tuo ruolo nella vita, potresti chiedere se ci sono delle vite passate coinvolte.

Situazioni che Non Cambiano

Ogni volta che sei bloccato in una situazione che non sembra cambiare, nonostante tu abbia usato diversi strumenti o approcci, ti incoraggio a chiedere: "Ci sono delle vite passate coinvolte qui?" Puoi anche chiedere:

- Mi sto punendo per qualcosa?
- Sto ripagando un comportamento che ho giudicato dannoso?
- Sto assolvendo un impegno che ho preso in un'altra vita?

Se ricevi un sì, fai altre domande. Tutti noi, a un certo punto, ci siamo bevuti l'idea di causa ed effetto, del karma e di qualcosa del tipo: "Ho fatto loro questo, ora sono loro debitore" o "mi hanno fatto questo e ora mi sono debitori". Nessuna di queste cose è vera. Questo genere di pensiero crea polarità e impedisce a te e ad altri di entrare in uno spazio di consapevolezza e coscienza.

La consapevolezza include tutto e non giudica nulla. Quando stai operando da uno spazio di consapevolezza il comportamento che deriva da quello spazio è generativo e creativo, non distruttivo e contraente.

Questo è un altro punto che mi piacerebbe chiarire riguardo al vedere se stessi o qualcuno altro come la causa del danno o della distruzione. Questi concetti sono un giudizio. Tutti i comportamenti sono essenzialmente neutrali in quanto è l'osservatore a emettere un giudizio su ciò che è buono o cattivo. Se le cose fossero intrinsecamente buone o cattive, ogni osservatore emetterebbe lo stesso giudizio e vedrebbe le cose allo stesso modo. E noi sappiamo che non è così.

È Importante Questo Ora?

Uscire dal comportamento dipendente e compulsivo riguarda l'essere presente nell' "adesso". Non devi cercare di capire il passato o passare attraverso tutti tipi di stravolgimento per assolvere il danno che potresti o non potresti aver causato. Se lo stai facendo, stai vivendo nel passato. Sei nella tua testa, non nella tua consapevolezza. Non sei presente e non sarai in grado di andare oltre.

Una delle cose che ci tiene bloccati nel passato è l'idea del perdono. Per favore, ricorda che perdonare ti tiene nella polarità del giusto e sbagliato. Include sempre un giudizio. E se non dovessi nulla a nessuno e nessuno ti dovesse nulla? Come sarebbe muoversi in uno spazio in cui lasciare che tutto sia ? Quando fai esperienza di una certa carica, o di un ricordo o di un pensiero, puoi sempre chiedere: "È importante questo ora?"

Scoprire e poi ripulire una connessione con la vita passata al tuo comportamento dipendente compulsivo può portare sollievo in maniera quasi immediata e una libertà che non avresti mai sognato fosse possibile.

Dipendenza ed Entità

Tutto ha consapevolezza.
Una volta che sarai disposto a esserne consapevole, la tua vita
si espanderà in modi che non puoi nemmeno immaginare.

Le entità possono avere un effetto davvero potente sulla dipendenza e sulla riabilitazione. Questo è un argomento che raramente viene discusso, a discapito delle molte persone che stanno cercando di liberarsi dal comportamento dipendente o compulsivo.

La maggior parte delle persone pensa alle entità come esseri che non hanno corpi, come fantasmi o spiriti; questi sono sicuramente esempi di entità, ma la definizione stessa include molto più di questo. In senso più ampio un'entità è semplicemente un'energia con un'identità. Tu sei un'entità e io sono un'entità. Gli animali sono entità. Le case, le sedie, il business sono entità. Scrivi una canzone ed essa diventa di per sé un'entità. Ovviamente ci sono anche entità che non hanno un corpo e anche esse sono semplicemente un'energia con un'identità.

Uno dei più grandi errori che le persone fanno è pensare che solo gli esseri umani siano consapevoli. È una deduzione di superiorità che può creare enormi limitazioni nella vita perché ci rende non disponibili a ricevere informazioni che altre entità ci stanno dando, qualsiasi forma esse prendano. Se hai deciso che la maggior parte delle cose e degli esseri nell'universo non è consapevole e non è disposta a donarti qualcosa, non sarai in grado di ricevere da loro. È un po' come decidere che solo gli uomini bianchi, di 43 anni e con i capelli castani abbiano qualcosa da offrirti. La verità è che ogni cosa ha una consapevolezza. E una volta che sarai disposto a sapere e ricevere questo, la tua vita s'espanderà in modi che non puoi immaginare.

Sfortunatamente l'idea che solo gli esseri umani siano consapevoli è stata perpetuata da alcune religioni e chiese che insegnano che l'essere umano è superiore a qualsiasi altra cosa sul pianeta. Scopri che cosa significa quest'idea per te. È vera? Dì a te stesso: "Solo gli esseri umani sono consapevoli." Leggero o pesante? A meno che quest'idea non ti sia stata insegnata e che tu non l'abbia mai messa in discussione, scommetto che questa frase sarà pesante per te, il che significa che è una bugia. Ciò che è vero è che siamo tutti parte della consapevolezza e dell'Uno, ecco perché possiamo comunicare con entità di ogni genere.

Potresti chiederti: "Che cosa ha che fare questo con la dipendenza?" Ha molto a che fare con la dipendenza, per un paio di ragioni: la prima è che una volta diventato cosciente che tutto ha consapevolezza, potrai partecipare al "dare e ricevere" tutto nell'universo; la seconda è che se non sei disposto a essere consapevole della presenza di entità e della loro influenza sul tuo comportamento dipendente compulsivo, potresti diventarne l'effetto e fare ciò che loro vorrebbero che tu facessi.

Entità Che Non Hanno Una Forma Fisica

Recentemente ho fatto alcune ricerche su Internet e ho scoperto che il 50-80% della popolazione negli Stati Uniti d'America ha avuto un'esperienza con un essere senza un corpo fisico. A queste persone si è mostrata una persona deceduta amata oppure hanno avuto un'esperienza con quelli che potremmo definire un fantasma, uno spirito guida, un angelo o un demone. Se hai vissuto un tipo di esperienza simile, voglio che tu sappia che non sei il solo. In realtà fai parte della maggioranza. È molto utile sapere che non solo puoi essere consapevole di entità senza un corpo, ma che puoi aggiungere più facilità alla tua vita incrementando la tua consapevolezza e la tua comprensione nei loro confronti.

Diverse persone deducono che gli esseri che non hanno un corpo siano sempre saggi, affidabili e spirituali. Per favore, non fare questo errore. Se la zia Gianna era un'idiota quando era in vita, continuerà a esserlo anche quando verrà a parlarti senza il suo corpo. Le entità possono anche mentire. Hai sentito dire da alcuni: "Io canalizzo l'arcangelo Michele, Gesù, o qualche altro vecchio saggio"? Pensi che le entità non si divertano a prendere in giro esseri che hanno un corpo? Ogni volta che un'entità si mostra e ti dice chi è non fare l'errore di pensare che stia dicendo la verità o che sappia più di quello che tu sai.

Gli esseri senza corpo si possono mostrare ovunque. Possono occupare qualsiasi spazio. Possono stare nella tua casa, nella tua macchina o nel tuo computer. Possono occupare il tuo corpo o l'area attorno a te. Possono anche occupare corpi di animali. Questi esseri hanno diversi livelli di consapevolezza e… la maggior parte di essi non si rende conto di aver avuto altre vite passate. Potrebbero non essere consapevoli di aver perso il loro corpo centinaia di anni fa.

Quando queste entità sono presenti, ma non vengono riconosciute, possono avere un effetto dannoso su di te, sul tuo corpo, sulla tua vita. Inoltre, in alcuni casi, possono esacerbare il tuo comportamento dipendente o compulsivo e rendere la riabilitazione da una dipendenza più difficoltosa. Per favore, non fare l'errore di incolpare le entità per il tuo comportamento dipendente o vederle come la causa di esso. Potrebbero essere un fattore che influenza le

tue azioni, ma non sono state loro a causare la dipendenza, e nemmeno la possono aggiustare.

Entità e Dipendenze

Anni fa avevo una cliente che era preoccupata per quanto stesse
bevendo. Inizialmente beveva per gestire l'ansia sociale e col passare del tempo divenne sempre più depressa. La sua depressione mi
sembrava estrema. Aveva scoppi di pianto improvvisi e pensieri di
suicidio. Dopo aver esplorato diverse possibili cause le chiesi se ci
fosse un'entità coinvolta. La mia cliente si sentì immediatamente
più leggera. La risposta era un sì assoluto. Questa particolare entità
le si era attaccata durante un coma etilico. Era stata una persona
suicidatasi con alcol e pillole, ed era stata attratta dalla mia cliente
perché beveva. Una volta ripulita l'entità, la depressione della mia
cliente diminuì notevolmente e continuammo il nostro lavoro con
l'obiettivo di farle superare il modo dipendente o compulsivo con
cui usava l'alcol.

Un'altra cliente aveva grosse difficoltà a perdere peso. Usam-
mo una varietà di strumenti, ma non stava cambiando niente. Finalmente le chiesi riguardo l'entità. Venne fuori che la mia cliente
aveva un'entità che era morta di fame e che stava usando la donna
per mangiare di più nel tentativo di mitigare i suoi ricordi della
morte. Una volta ripulita l'entità la mia cliente iniziò a fare pro-
gressi con la perdita del peso.

Nel mio lavoro con le dipendenze ho spesso scoperto che la
"voglia" di una persona può essere stata creata da entità aventi la
stessa dipendenza della persona il cui corpo stanno abitando. Anche se l'entità non ha più un corpo, essa è ancora interessata a
mettere in atto la sua dipendenza e cerca di farlo attraverso una
persona. Per esempio, ci sono entità che desiderano fumare e si
attaccano alle persone che fumano. Un particolare suggerimento

che ti fa capire quando un'entità sta guidando il tuo desiderio è il sentire "Hai bisogno di farti un drink ora" o "Ti dovresti accendere una canna." Quando questo capita puoi essere certo che questa "brama" appartiene a un'entità, perché tu non ti riferiresti a te stesso con la seconda persona singolare.

Ricaduta

Nei programmi tradizionali l'alcol viene spesso descritto come "subdolo, incomprensibile e potente" perché il desiderio di bere sembra cogliere senza ragione le persone, anche dopo aver attuato il programma per un periodo di tempo. Ho scoperto che spesso si mette in atto un comportamento dipendente o compulsivo quando è coinvolta un'entità.

Quando un cliente viene a dirmi qualcosa del tipo: "Stavo andando davvero bene con la mia riabilitazione ma ci sono ricaduto ieri sera. Non capisco cosa sia successo" vengo immediatamente allertata che potrebbero essere coinvolte delle entità. Ciò che è interessante è che una volta ripulita l'entità, quella che nei programmi tradizionali viene definita "ricaduta" avviene raramente. Questo a patto che la persona abbia già ripulito la sua dipendenza primaria al giudizio e all'erroneità.

Che cosa ti Apre Alle Entità Senza Corpo?

Come ho detto, una delle cose che invita le entità nella tua vita è assumere il tuo comportamento dipendente o compulsivo. Perché? Perché quando lo fai è come se ti assentassi e mettessi un cartello "Affittasi" sul tuo corpo. Questo ha senso se ti ricordi che la dipendenza è lo spazio in cui vai e non esisti. È uno spazio in cui non sei presente. E ogni volta che non sei presente, apri lo spazio a entità che, in questo modo, possono entrare e occupare il tuo corpo.

Molti anni fa, prima di venire a conoscenza della possibile correlazione tra entità e dipendenza, avevo un caro amico che chiamerò Giovanni. Giovanni aveva problemi con l'alcol. Restava sobrio per un po' ma non riusciva a far funzionare la sua vita. Riprese a bere pesantemente (un litro e mezzo di vodka al giorno) e fece la scelta di morire. Inizialmente mi offrii di assisterlo, nel caso avesse voluto aiuto con la sua dipendenza, ma a un certo punto scelsi di non frequentarlo più. Perché? Perché relazionarmi con lui era molto difficile visto quanto era assente, ed era chiaro che non avesse alcun interesse a cambiare il suo comportamento.

Un giorno un'amica comune andò a casa di Giovanni per portargli del cibo. Mi disse di aver bussato alla porta .

"Giovanni, Giovanni, dove sei?" Finalmente si decise a entrare in casa e vide un essere, che chiaramente non era lui, che usciva dal corpo di Giovanni e andava fuori dalla sala da pranzo. Aveva un'energia molto potente, violenta e distruttiva. La sua faccia non somigliava nemmeno a quella di Giovanni. Lei continuava a dire: "Giovanni, Giovanni, vieni fuori." Il corpo finalmente si scosse e Giovanni divenne presente. Era una persona molto gentile e generosa la cui energia era completamente diversa dall'essere che aveva visto prima.

Il fatto è che l'entità non sarebbe potuta entrare nel corpo di Giovanni se egli non avesse scelto di rendere se stesso e il suo corpo "assenti" consumando enormi quantità di alcol. Più sceglieva il cammino dell'autodistruzione e più porte apriva a queste forze oscure. Purtroppo Giovanni era determinato a porre fine alla sua vita e non cambiò il verso in cui si stava dirigendo.

Questo non è un motivo per avere paura delle entità. Non hanno alcun potere su di te, se non quello che tu dai loro. Non possono entrare forzatamente dentro di te. Non verrai posseduto, a meno che tu non le inviti a entrare. Ho raccontato la storia di

Giovanni perché è un esempio drammatico di ciò che puoi creare quando scegli di non essere presente alla tua vita. Quando assumi un qualsiasi comportamento compulsivo/dipendente puoi invitare delle entità distruttive che hanno la tua stessa dipendenza mentre erano in vita. Se vedi qualcuno che ha un cambiamento enorme di personalità quando è molto ubriaco oppure quando è completamente perso in qualche altro comportamento dipendente, è probabile che abbia lasciato il suo corpo e che sia entrata un'altra entità.

Ripulire le Entità

Le entità possono essere ripulite usando dei processi di Access Consciousness®. Potrebbero esserci anche altri modi per ripulirle. Ti incoraggio a porre domande e a fare ciò che più funziona per te.

Una nota finale: ricorda che nessuna entità può sopraffarti a meno che tu non glielo permetta. E nessuna entità è più grande o più potente di te, persino quelle che scelgono di chiamare se stesse "demoni". Tu sei l'unico a essere al comando della propria vita e del proprio corpo. Potresti aver bisogno di assistenza, ma se lo scegli, puoi ripulire qualsiasi entità che ti stia influenzando negativamente. Quando siamo abituati a lasciare che il comportamento dipendente o compulsivo domini le nostre vite, può sembrare naturale e comodo renderci l'effetto di altre persone, di luoghi e cose. Alcune persone si sentono addirittura molto "speciali" quando si rendono conto di avere delle entità. Per favore, non fare quest'errore. Tu hai valore per quello che sei veramente, per l'unicità di te e per il dono che puoi essere per il mondo. Renderti l'effetto di qualsiasi entità è negare te stesso e la possibilità di una vita davvero grandiosa.

Capitolo Undici

Che cos'è la Vera Riabilitazione?

Le persone in una vera riabilitazione giungono a uno spazio di scelta riguardo i loro comportamenti dipendenti o compulsivi. Non ha più alcun senso per loro doverli assumere o resistervi.

Nella maggior parte dei programmi tradizionali di trattamento delle dipendenze, essere in riabilitazione significa che non si sta più assumendo un comportamento dipendente compulsivo. Tuttavia, visto che questi programmi prendono in considerazione solo la dipendenza secondaria, senza dare alcuna attenzione alla dipendenza primaria, molte persone finiscono col lasciare una dipendenza meno accettabile (come il bere alcol) a favore di una dipendenza socialmente più accettabile (come il lavoro compulsivo o come il partecipare a incontri di riabilitazione). Queste persone stanno ancora cercando un comportamento dipendente o compulsivo in cui rifugiarsi e poter esternare il dolore dell'erroneità di se stessi - ossia il giudizio di sé, il senso di non potersi adattare e la sensazione di essere sopraffatti dai pensieri e dai sentimenti altrui.

La maggior parte dei programmi tradizionali richiede ai partecipanti di usare una serie prestabilita di "passi" in maniera continuativa come mezzo e misura della loro riabilitazione. Questo metodo viene visto come un requisito che dura tutta la vita, avendo lo scopo di mantenere sotto controllo il comportamento dipendente.

Questo modo di approcciare la riabilitazione si presenta come una specie di riduzione della dipendenza. È come se i sintomi della malattia fossero ancora presenti ma venissero tenuti a bada dai "passi", in modo tale che tu possa ritornare a essere la persona di una volta e continuare ad avere la vita che avevi.

Per tutti gli anni in cui ho partecipato ai programmi di riabilitazione convenzionali, non mi è mai sembrato che il non bere, il non fumare o il non assumere gli altri miei comportamenti abituali sarebbe stato abbastanza. Ero consapevole del fatto che il non assumere più questi comportamenti mi avrebbe aperta a maggiori possibilità (non avrei più avuto mal di testa, avrei avuto una maggior capacità fisica con i polmoni). Tuttavia non mi è mai piaciuta l'idea che la possibilità di riprendere la dipendenza fosse sempre in agguato, che ci sarebbe stato qualcosa là fuori su cui io non avevo potere e che, per questo motivo, avrei dovuto appoggiarmi a un programma per tutta la vita.

Ho sempre pensato che la riabilitazione dovesse essere molto più di questo. Mentre i concetti di " Giusta Riabilitazione per Te" venivano messi insieme, iniziai a vedere in maniera più profonda che cosa potesse essere la vera riabilitazione. In questo capitolo mi piacerebbe presentarti alcuni elementi della vera riabilitazione così come li vedo io.

Mentre leggi ti incoraggio a prendere nota di ciò che la riabilitazione potrebbe essere per te, perché è qualcosa di diverso per ogni persona. Mentre giungerai a una maggiore consapevolezza di ciò che è per te la riabilitazione, sarai in grado di renderla un obiettivo più raggiungibile. Questo è importante perché se non sai che cos'è per te la riabilitazione, non potrai porti un obiettivo raggiungibile. Non lo riconoscerai quando ti si mostrerà. Diciamo, per esempio, che hai sempre desiderato avere più abbondanza nella vita, ma non hai mai definito cosa fosse per te l'abbondanza. Come saprai a cosa mirare? E come saprai quando l'avrai raggiunta? La stessa cosa vale per la vera riabilitazione. Devi sapere a cosa stai mirando. Ciò non significa che i tuoi concetti e obiettivi non cambieranno mentre crescerai e sceglierai ciò che è più espansivo per te: è semplicemente qualcosa con cui inizi giusto per avere una direzione.

Distruggi e S-crea Qualunque Cosa Tu Abbia Deciso Sia la Riabilitazione

Prima di iniziare a parlare di ciò che la vera riabilitazione potrebbe essere, mi piacerebbe invitarti a distruggere e s-creare tutto ciò che ti è stato detto o hai deciso che sia (o non sia) la riabilitazione. Se ti stai avvicinando alla tua riabilitazione con uno qualsiasi dei pre-concetti, delle credenze rigide o delle definizioni riguardo ciò che potrebbe significare, limiterai quello che è possibile per te.

Dopo aver distrutto e s-creato tutte le idee che hai accettato, creduto, o con cui ti sei accordato a proposito della riabilitazione, ti invito a prendere in considerazione le seguenti possibilità:

- E se la vera riabilitazione non fosse lo stato di astinenza, ma fosse piuttosto un processo continuo di porsi domande, di vedere possibilità e di fare scelte che permettano alla tua vita di espandersi in modi che non ha mai sognato fossero possibili?
- E se la vera riabilitazione riguardasse il diventare consapevoli dell'energia di come vorresti fossero la tua vita attuale e quella futura, e poi riguardasse lo scegliere di essere quell'energia?
- E se la vera riabilitazione consistesse nello scegliere la consapevolezza?

Consapevolezza

L'ultima domanda fa venire a galla un punto chiave: e se la vera riabilitazione consistesse nello scegliere la consapevolezza? Molte persone parlano di consapevolezza, ma l'unica persona che conosco e che l'ha davvero definita è Gary Douglas. Gary dice: "La consapevolezza include tutto e non giudica nulla." La dipendenza è inclusa nel tuo universo, ma non è qualcosa che devi scegliere.

Quando scegli la consapevolezza tutte le possibilità sono a tua disposizione. Quando scegli la dipendenza, le tue uniche scelte sono l'inconsapevolezza e l'anti-consapevolezza. La vera riabilitazione riguarda l'avere tutte le possibilità a tua disposizione, il non limitare te stesso e la tua consapevolezza. Scegliere la consapevolezza ti permette di fare le scelte da un campo di coscienza molto maggiore e molto più espanso.

Quasi tutti sono familiari con l'energia e con i modelli della dipendenza (quello spazio contratto, limitato, il mondo del "io-non-esisto"). Ma non tutti riescono a riconoscere l'energia della consapevolezza o della vera riabilitazione, quindi mi piacerebbe parlarti di alcune delle scelte che potresti desiderare di fare nel caso in cui fossi interessato a entrare nella vera riabilitazione.

La scelta di essere consapevole richiede che tu stia fuori dalla fantasia, fuori da speranze utopiche e che tu smetta di gingillarti nel passato o nel futuro. È la disponibilità di essere presente a te stesso, con gli altri e con qualsiasi informazione ti arrivi. Anche se all'inizio potrebbe sembrarti un obiettivo enorme, esso ti permetterà di avere molto più controllo nella tua vita. Puoi scegliere solo qualcosa che sei disposto a riconoscere sia già lì in primo luogo.

Strettamente collegato a questo c'è la scelta di non evitare nulla. Non sto parlando dell'evitare una buca profonda mentre si cammina o di uscire dalla città se è in arrivo un uragano. Questo è buon senso. Parlo della disponibilità ad affrontare qualsiasi cosa arrivi, anziché rifugiarsi nel comportamento dipendente o compulsivo col fine di gestire ciò che hai deciso sia eccessivo affrontare. La cosa grandiosa riguardo la scelta di non evitare nulla è che quando lo scegli scopri di essere molto più capace e potente di quanto ti abbiano fatto credere.

La scelta di avere una struttura interna di riferimento. Quando hai una struttura interna di riferimento non sei l'effetto degli altri intorno te. Operi come fonte creativa della tua vita anziché essere l'effetto di ciò che si presenta. Non sei preoccupato di ciò che gli altri pensano di te, né ti preoccupi di seguire i ruoli comunemente accettati o i modelli di comportamento, o tutti i "dovrei" in base ai quali operano molte persone. Essendo invece presente e scegliendo ciò che funziona per te, puoi condurre una vita che è unicamente tua. Questo non significa che non sei consapevole degli altri, o di ciò che richiedono o desiderano da te. Non si tratta di essere un lupo solitario. Significa semplicemente che sei disposto a essere te stesso, non importa quale pressione gli altri ti facciano.

La scelta di sapere ciò che sai e agire da quello spazio è strettamente connessa con l'avere una struttura interna di riferimento. Si tratta di fidarti di te stesso invece che cercare risposte al di fuori di te. Non significa che non chiedi o che non prendi informazioni. Significa che hai fiducia in te stesso nel riconoscere ciò che è vero per te e intraprendi le azioni appropriate basandoti su quel sapere.

La scelta di sapere che hai creato tutto nella tua vita e che non è che le cose semplicemente "ti accadono". Questo non significa che sei responsabile per il comportamento delle altre persone o che non hai fatto esperienza dell'abuso o di altri eventi traumatici nella vita, ma significa che sei responsabile per le tue reazioni e per qualsiasi azione scegli di intraprendere. Le persone che vedono se stesse come vittime di qualcosa che è "capitato loro" spesso rimangono bloccate nella modalità vittima per sempre e molto raramente sono in grado di andare oltre il loro comportamento dipendente compulsivo.

Molte volte mi viene chiesto perché alcune persone sono in grado di andare oltre le loro dipendenze e altre no. Un grande fattore lo gioca la loro disponibilità ad ammettere che la dipendenza non gli è accaduta: loro hanno fatto le scelte che hanno portato al comportamento dipendente compulsivo. Questa, in realtà, è una buona notizia, perché se hai fatto delle scelte che ti hanno condotto al comportamento dipendente, ora puoi fare scelte diverse che ti porteranno alla tua riabilitazione.

La scelta di essere felice e gioioso. È davvero una scelta. Se credi che puoi essere felice "solo se…" o "quando…" di nuovo ti stai rendendo l'effetto delle circostanze. E se scegliessi di essere felice ora? Riesci a sentire l'energia di questa cosa? Riesci a vedere come inviteresti e creeresti delle esperienze diverse rispetto a quanto potresti fare scegliendo di essere triste?

Alcune persone credono che sia sbagliato essere felici se un amico o un membro della famiglia è depresso o malato. Ma fai loro, o al mondo, un favore aderendo alla loro energia? Se stai agendo dalla tristezza e dalla preoccupazione, puoi essere il dono che sei quando sei felice? La disponibilità a essere felice è un enorme contributo al mondo e ti renderà possibile avere anche una vita più espansiva.

STRUMENTO: COME PUÒ ESSERE ANCORA MEGLIO DI COSÌ?

Ecco una domanda che puoi usare in qualsiasi circostanza per invitare più possibilità nella tua vita. Provala quando qualsiasi cosa di positivo o di piacevole succede. Hai appena ricevuto una promozione, hai passato un test, o stai partendo per una bellissima vacanza? Chiediti: "Come può essere ancora meglio di così?" Potresti essere sorpreso da ciò che si presenterà.

Puoi anche usare questa domanda quando sei giunto alla conclusione che qualcosa sia cattivo o terribile. Ti sei appena storto una caviglia? La cameriera ti ha versato addosso del caffè bollente? Sei bloccato nel traffico? Chiedere: "Come può essere ancora meglio di così?" ti permette di vedere che qualcosa di positivo può venire fuori da qualunque evento.

Recentemente stavo guidando da sola in autostrada quando mi si è bucata una gomma. Invece di dire "Oh no! È terribile!» Ho continuato a chiedere: "Come può essere ancora meglio di così?"

Quasi immediatamente un poliziotto si è fermato e mi ha aiutato a cambiare la gomma. Come può essere ancora meglio di così?

Quando continui a chiedere: "Come può essere ancora meglio di così?" diventi più aperto al ricevere e la tua vita inizia a mostrarsi diversamente.

È molto utile anche quando stai lavorando con il tuo comportamento dipendente o compulsivo: hai scelto di non fermarti al bar per un paio di bicchieri, come al solito, prima di andare a casa? Hai scelto di ascoltare il tuo corpo e di non mangiare quel secondo o terzo piatto di cibo in più? Hai scelto di non fermarti al lavoro per la quarta notte di seguito? Chiedere: "Come può essere ancora meglio di così?" ti fa riconoscere le scelte che hai fatto per espandere la tua vita e invitare ancora più facilità e scelta nel gestire la tua dipendenza.

Se scegli di adottare il tuo comportamento dipendente o compulsivo il chiedere: "Come può essere ancora meglio di così?" ti apre ad altre possibilità. Molte persone credono che se hanno un altro incontro sessuale di natura compulsiva debbano arrendersi e averne sempre di più. O che se escono e spendono compulsivamente soldi in caramelle, debbano continuare a farlo. Chiedere: "Come può essere meglio di così?" crea uno spazio che offre l'opportunità di scegliere qualcosa di diverso.

---

*"Come può essere ancora meglio di così?" è uno strumento di Access Consciousness®

La scelta di avere allowance per te stesso e gli altri. *Allowance* è la disponibilità di avere un "interessante punto di vista" per te stesso, per gli altri e per qualunque altra cosa. È la disponibilità a essere consapevole che le persone hanno scelta e creano la loro vita e non spetta a te dir loro che cosa fare o che cosa non fare.

Allowance è diverso dall'accettare. Accettare implica un giudizio. Hai già deciso che qualcuno ha fatto qualcosa di male o sbagliato, ma lo accetterai comunque. È una posizione di superiorità. Allowance invece è una posizione di neutralità. Le cose sono ciò che sono: non le giudichi né in un modo, né nell'altro, il che ti permette di essere consapevole di ciò che sta davvero succedendo. Così facendo, sei andato oltre i precetti del giusto e sbagliato, del bene e del male, verso uno spazio della tua consapevolezza e del tuo sapere. Ti fidi del tuo sapere e c'è fiducia; fiducia che deriva dall'essere consapevole che hai gli strumenti e il potere per creare la vita che desideri.

La scelta di non raccontare storie o farti comandare da esse. Le storie sono il modo in cui giustifichiamo o spieghiamo il comportamento nostro o degli altri. "Gioco d'azzardo perché lo faceva anche mia madre", "Sono dipendente dalla pornografia perché mio padre me l'ha fatta vedere quando ero piccolo", "Mio marito mi abusa perché è stato abusato da piccolo". La maggior parte di noi abbellisce le proprie storie per renderle plausibili, ma le storie sono semplicemente storie. Non solo non sono vere, ma se tu credi alle storie non puoi andare oltre e cambiare nulla. La scelta di non raccontare storie è anche la scelta di essere presente con ciò che è, invece di usare il passato per spiegare il perché tu sei come sei. Tutte le storie ti tengono nell'energia della dipendenza.

(Ti prego di notare che quando faccio riferimento alle storie non sto parlando del dare vere informazioni. Spesso chiedo ai miei clienti di raccontarmi la storia con la dipendenza perché mi dà elementi e chiarezze che possono essere molto utili al nostro lavoro.

Le storie che non sono utili sono quelle che vengono usate sia per dirottare che per offrire ragioni/giustificazioni al comportamento.)

La scelta di essere vulnerabile. Essere vulnerabile viene spesso visto come debolezza. In realtà è esattamente l'opposto. È una posizione di forza e coraggio. La vulnerabilità totale è la disponibilità a far cadere tutte le barriere e ricevere qualsiasi cosa. È la disponibilità a non agire in base a idee preconcette riguardo ciò che riceverai o non riceverai. Per esempio, hai deciso che riceverai da quel tipo di persona, ma non da quell'altro tipo di persona? Hai deciso che riceverai dalla città, ma non dalla campagna? Hai deciso che riceverai dai libri, ma non dalla tv? C'è bisogno di tantissimo coraggio per abbandonare le tue barriere, le tue idee preconcette, tutto ciò che hai deciso sia giusto o sbagliato, tutto ciò che hai solidificato in una posizione e ricevere tutto semplicemente senza giudizio. Tendiamo a pensare che le barriere ci tengano al sicuro, ma se abbiamo le barriere alzate impediamo a noi stessi di ricevere informazioni, consapevolezze e molte altre cose che sono cruciali al nostro benessere.

La scelta di avere gratitudine per chiunque e qualsiasi cosa presente nella tua vita. La gratitudine riguarda il vedere il contributo che ogni essere o ogni evento porta nella tua vita, anche quelli che avresti potuto giudicare come negativi. Non è un approccio "Pollyanna". In realtà è molto realistico. La prima volta che fui in riabilitazione deplorai gli anni che avevo perso con l'alcol; ora invece ne sono grata: senza la mia esperienza della dipendenza e senza le varie forme di riabilitazione fatte, non farei il lavoro che sto facendo e che mi piace così tanto. Ogni essere e ogni evento può facilitare maggiore consapevolezza per noi, se lo permettiamo. La disponibilità a essere grati crea un'energia di facilità, di espansione e di movimento in avanti, mentre il rimpianto e il risentimento porta a contrazione, resistenza e reazione.

La scelta di essere in comunione con il tuo corpo. La vera riabilitazione richiede che tu abbia una connessione di celebrazione con il tuo corpo. Se non sei connesso con il tuo corpo, non puoi interrompere la dipendenza perché non sarai pienamente presente. I corpi sono abusati e trascurati quando adottiamo i nostri comportamenti dipendenti o compulsivi. La riabilitazione deve includere il corpo in modo amorevole e che lo onori. Se trattato con gentilezza e considerazione il tuo corpo può diventare il tuo migliore amico e donarti in modi mai immaginati prima.

La scelta di agire dall'essere piuttosto che dal fare. Molte persone cercano di dimostrare il loro valore facendo. Per esempio, una donna potrebbe dire: "Sarò una madre fantastica. Cucinerò torte due volte la settimana, coinvolgerò i miei bambini in tre attività doposcuola e mi assicurerò che facciano almeno due ore di compiti ogni sera." Questo è molto diverso dall'essere, perché essere una madre davvero fantastica non riguarda impostare una lista di azioni predeterminate. Sarà qualcosa di diverso per ogni madre e per ogni figlio. Quando stai davvero essendo una mamma grandiosa, "leggi" l'energia dei tuoi bambini e vedi il modo in cui puoi contribuire. Non ci sono idee fisse riguardo ciò che debba essere o ciò che tu debba fare.

Quando scegli di agire dall'essere anziché dal fare, permetti che il tuo fare nasca dalla "lettura" dell'energia di una situazione per vedere come puoi contribuire, anziché usare un fare predeterminato per dimostrare che stai essendo qualcosa. Essere riguarda l'energia e lo spazio che sei disposto a essere. Più ti mostri per quel che sei e più entri nelle energie dell'Essere.

La scelta di funzionare dalla domanda, dalla scelta, dalla possibilità e dal contributo.* Le persone che sono nella vera riabilitazione stanno sempre nella domanda; non si preoccupano di trovare delle risposte. Sanno che la risposta limita e che la domanda potenzia. Quando fai domande ricevi un flusso continuo di informazioni che crea nuove possibilità. Ogni scelta che fai crea una nuova serie di possibilità e offre nuovi modi di essere e di ricevere contributo.

Ciò è in netto contrasto con l'agire dalla decisione, dal giudizio, dalla conclusione e dal pilota automatico. Con quest'ultima modalità tutto è fissato, inchiodato e contratto. Funzionare dalla domanda, dalla scelta, dalla possibilità e dal contributo apre la porta a una vita espansiva, gioiosa e in costante evoluzione.

Che cosa Sei Disposto a Scegliere

La vera riabilitazione è un processo continuo. È in continua espansione e in continuo cambiamento. Ricorda: tu sei l'antidoto alla dipendenza. La disponibilità a mostrarti così come sei ti permetterà di partecipare a una riabilitazione che va oltre ciò che avresti mai potuto immaginare prima. Ognuna di queste scelte crea uno spazio in cui è difficile esistano dei comportamenti dipendenti o compulsivi. Semplicemente scegliendone una o due puoi iniziare a diventare più consapevole, a cambiare la tua energia e a creare una serie completamente nuova di possibilità.

Per favore, scegli ciò che funziona per te, riconosci ciò che sai e abbi il coraggio di uscire allo scoperto ed essere il dono che davvero sei.

---

*"Funzionare dalla domanda, dalla scelta, dalla possibilità e dal contributo" è un concetto di Access Consciousness®

Il Giudizio Assume Diverse Forme

Nel capitolo quattro ho parlato di alcune delle forme più comuni in cui si mostra il giudizio, ma esso assume anche diverse forme meno ovvie. Se stai scegliendo di lasciare andare il giudizio sarà utile identificare questi modi più sottili in cui esso appare nella tua vita, poiché il giudizio ha molto a che fare con l'assumere comportamenti dipendenti e compulsivi.

CONCLUSIONE	DETERMINAZIONE
CREDENZA	DEFINIZIONE
CONVINZIONE	COMPARAZIONE
DECISIONE	COMPETIZIONE
SCOPO	SIGNIFICATO
PROPOSITO	DOVERI, PRESUPPOSIZIONI, OBBLIGHI

Conclusione. Spesso il giudizio prende la forma di conclusione. Quindi, che aspetto ha la conclusione? Spesso è l'interpretazione degli eventi. Diciamo che qualcuno che conosci ti passa di fianco e non ti saluta. Potresti concludere: "Non gli piaccio", o "Ci dev'essere qualcosa che non va in me", o "Devo averlo offeso."

E se invece ti chiedessi: "Che cosa gli succede?" Se facessi una domanda potresti vedere che sta avendo una giornata storta o che non ti ha riconosciuto. Una domanda cambierebbe tutto.

Ma la maggior parte di noi non fa domande. Andiamo diritti alla conclusione.

Oppure supponiamo che hai investito dei soldi in un affare che non va come volevi. Una conclusione sarebbe: "Le cose non mi vanno mai bene" o "Non sono bravo con i soldi". E se chiedessi: "Di cosa non ero disposto a essere consapevole riguardo questo affare? C'è un modo per fare dietro-front? Dovrei investire così o posso fare qualcosa di diverso?"

Quando fai una domanda, esci dalla conclusione ed entri nella consapevolezza di possibilità diverse.

Credenza. Un altro modo in cui si mostra il giudizio è attraverso le credenze. Una credenza è qualcosa che hai deciso essere vera basandoti sulla tua esperienza. O potrebbe essere qualcosa che ti sei bevuto da una figura autoritaria che ti ha detto fosse vera. Una credenza può essere su chiunque o su qualunque cosa, incluso te stesso.

Hai adottato credenze su te stesso come parte della tua identità? Potrebbero essere cose del tipo: "Sono bravo negli affari. È il mio punto forte" o "Non sono una persona creativa" o "Sono disorganizzato." Queste credenze sono semplicemente un'altra forma di giudizio: qualcosa di cui liberarsi. Potresti pensare: "È difficile! Queste cose sembrano così vere. Chi sarei io senza di esse?" Ricorda, una credenza è una forma di giudizio, e un giudizio ha una carica energetica, mentre una consapevolezza non ne ha mai. Se dici: "Sono bravo negli affari" e non c'è alcuna carica energetica, potrebbe essere una consapevolezza. È molto utile controllare l'energia di qualsiasi cosa tu stia dicendo, sia su te stesso che su qualcun altro.

Lasciare andare le credenze che hai su te stesso è un concetto semplice, ma nella pratica potrebbe volerci un po' di tempo perché ci è stato insegnato a giudicare noi stessi fin da quando eravamo molto piccoli. E sono proprio questi giudizi - queste credenze - a tenerci bloccati. Non ci danno alcuno spazio per muoverci.

E poi ci sono tutte le credenze che si mostrano connesse alla dipendenza: "Chi nasce dipendente, muore dipendente" o "Lasciar andare la dipendenza è un processo lungo e doloroso" o "Dipendenza significa che c'è qualcosa di terribilmente sbagliato in me."

Ci sono anche le credenze che sembrano arrivare dalla nostra esperienza. Ho lavorato con un uomo che diceva cose del tipo: "Tutte le donne sono subdole. Ti tradiscono." E ho lavorato con donne che dicevano: "Tutti gli uomini sono abusanti."

La mia risposta è sempre: "Davvero? E questo su cosa è basato?"

E l'uomo o la donna in questione mi dicevano: "Ci sono già passato. Mia moglie mi ha tradito" o "Sono stata sposata tre volte e ogni volta il mio partner era abusante nei miei confronti. Questo dimostra che ho ragione." Le credenze basate sulla nostra esperienza limitata sono dannose perché il tuo punto di vista crea la tua realtà. Se hai deciso che tutte le donne ti tradiranno o che tutti gli uomini sono abusanti, questo è esattamente ciò che verrà creato nella tua vita. Farai sempre esperienza di ciò in cui hai scelto di credere.

Facciamo nostre anche le credenze della nostra società, della nostra cultura, del nostro paese e della nostra regione. Queste sono la radice del pregiudizio. Tutte le donne sono___, tutti gli uomini sono___, tutte le persone di colore sono___, tutti gli italiani sono___, tutti gli ebrei sono___. Ti incoraggio a mettere in dubbio ogni credenza che hai, non importa da dove essa arrivi, perché ogni credenza è un giudizio, in una forma o in un'altra. Usa domande del tipo:

- Questa credenza è davvero vera per me?
- Che cosa so riguardo questo argomento?
- Da chi mi sono bevuto questa credenza?
- In che modo mi è utile (o non) nella vita?

- Sono disposto a lasciar andare questa credenza?
- Ho usato questa credenza per definire me stesso e per darmi un'identità?
- Ho il giudizio che se lascio andare questa credenza non saprò chi sono?

Le domande ti portano oltre le credenze. Ti danno la libertà che stai cercando perché ti aiuteranno a creare nuovi percorsi e possibilità per te stesso. Anziché berti una credenza chiediti: "Ci sono altre possibilità qui?"

Convinzione. Le convinzioni sono credenze solidificate e stabili che possono avere degli effetti ad ampio raggio nella tua vita. Spesso usiamo le convinzioni per organizzare il nostro mondo. Per esempio: "Non posso abbandonare il mio comportamento dipendente. Mi serve per sopravvivere." Non importa quale forma assumano le convinzioni: coinvolgono sempre il giudizio. Escludono la consapevolezza e le possibilità, e non ti daranno nessuno spazio diverso in cui andare perché, come già detto prima, ogni volta che tu hai un punto di vista fisso, nulla che non corrisponda a esso si può presentare.

Puoi capire che qualcosa è una convinzione quando le persone si infervorano molto sui loro punti di vista. Sono convinti che sia vero. Per esempio, se hai la convinzione che la dipendenza sia il frutto del lavoro del diavolo, avrai condannato te stesso a creare questo come la tua realtà. Ma se tu sei disposto a fare domande del tipo: "Davvero la dipendenza è il frutto del lavoro del diavolo? O sono stata io ad avere qualche ruolo nel crearla? Posso ripulirla? Che cos'altro posso fare per andare oltre questa dipendenza? Dove potrei ricevere dei punti di vista diversi o più informazioni?" allora darai la possibilità a qualcos'altro di mostrarsi nella tua vita.

Decisione. Le decisioni sono sempre basate sul giudizio. C'è una grande differenza tra scegliere e decidere. La scelta è aperta ed espansiva. La decisione ha attaccata una solidità. "Ho deciso che farò questo." Punto. C'è un senso di atto conclusivo in questo.

Le decisioni ci intrappolano perché, una volta prese, pensiamo di doverle mantenere. Per esempio, se hai deciso di accettare un lavoro, quanto sarai libero di essere consapevole che quel lavoro non funziona per te un mese dopo? Quanto sarai libero di dire: "Sai una cosa? Farò qualcosa di diverso."

C'è qualcos'altro riguardo le decisioni: esse spesso sono fatte in seguito a un processo di analisi che coinvolge la mente. Cerchi di capire se accettare un lavoro analizzando le ore, la paga, i benefici e altri fattori, ed escludi il tuo sapere e la tua consapevolezza. Pensi che se analizzerai tutto correttamente, arriverai alla giusta decisione. Questo tipo di analisi ha mai funzionato per te? No. Perché? Perché cercare di capire le cose significa basarsi sul giudizio.

Non solo questo, ma tendiamo a giudicare noi stessi severamente se andiamo contro le nostre decisioni. Se inizi a uscire con un ragazzo e decidi che sia il ragazzo più meraviglioso del mondo e poi, dopo due mesi diventi consapevole che in realtà è molto egocentrico e pensa pochissimo a te, potresti aver delle difficoltà a dire: "Aspetta un attimo. Cambio idea. Lo lascio." Generalmente le persone sentono di doversi attenere alle loro decisioni, però così facendo rendono la decisione più grande e più importante della loro consapevolezza riguardo a ciò che sta davvero succedendo.

Anziché operare dalla decisione, ti incoraggio a spostarti nella scelta. Scelta riguarda l'essere presente in ogni momento e vedere ciò che sta succedendo per te. Con la scelta puoi scegliere e scegliere nuovamente. Potresti chiederti: "È espansivo accettare questo lavoro? Sì? Ok." Sei mesi dopo potresti chiederti di nuovo: "È espansivo per me rimanere in questo lavoro? No? Ok." Puoi scegliere qualcos'altro. Quanto è diverso questo dal dire: "Beh, ho deciso di accettare questo lavoro, quindi, lo farò per sempre, anche se non è per niente quello che voglio" ?

Con la scelta puoi dire: "Scelgo di mettermi a dieta" e cinque giorni dopo dire: "Il mio corpo non vuole più farla. Farò una scelta diversa." Oppure puoi entrare nella decisione e dire: "Questo è un programma di sei settimane e lo seguirò letteralmente, anche se mi sento malissimo e il mio corpo mi sta dicendo di non volerlo più fare."

Una delle poche costanti nella vita è il cambiamento. Le cose cambiano continuamente, eppure c'è un enorme giudizio in questa realtà che dice che la misura della salute mentale di qualcuno sia deducibile dalla coerenza e dall'impegno. Ammiriamo le persone che portano avanti le cose, indipendentemente da ciò che avviene nel frattempo. "Sono stato sposato con la stessa persona per sessant'anni". "Ho vissuto nello stesso posto per quarant'anni." Fantastico! (Se ami la persona che hai sposato o il posto in cui vivi). Ma non onori un posto, una persona, te stesso o qualcos'altro se sai che qualcosa non sta funzionando e ti comporti come se invece lo facesse.

La decisione ti tiene contratto perché è basata sul giudizio. La scelta è basata sulla consapevolezza: ti permette di espandere e di onorare te stesso, chiunque e qualunque cosa. Inoltre, la scelta ti aiuterà ad andare oltre la dipendenza.

Obiettivo. Lo scopo è la ragione per cui qualcosa esiste o viene fatta, creata o usata. Molte persone dicono di voler avere uno scopo nella vita. Ma quanto giudizio è coinvolto nell'avere uno scopo nella vita? E quanta consapevolezza e possibilità elimina una tale dichiarazione sulla tua vita?

Per esempio, se lo scopo della tua vita è essere gentile, hai fatto un giudizio che essere gentile è l'unico comportamento appropriato in ogni situazione. E se qualcuno ti sta rubando qualcosa e hai deciso che sarebbe scortese dirgli che non può stare a casa tua o farti visita? Continuerà a venire e rubarti oggetti e dirai a te stesso: "Beh, lo scopo della mia vita è essere gentile, non gli chiederò di andarsene."

Vedi come ti può limitare l'avere uno scopo nella vita? Quando ce l'hai non sei in grado di essere consapevole e di scegliere momento per momento. Non ti permette di avere vera libertà. Anziché avere uno scopo nella vita, ti incoraggio ad avere delle priorità. Esse non sono incise sulla pietra. Se rendi l'essere gentile una priorità (invece di uno scopo), puoi essere consapevole in ogni situazione e dire: "La mia priorità è di essere gentile. Come sarebbe?" Probabilmente, essere gentile nella situazione in cui qualcuno ti sta rubando qualcosa, significa essere gentile verso te stesso e dire alla persona che non è più la benvenuta a casa tua, in quanto sei consapevole del fatto che ti sta rubando degli oggetti.

Ti invito a spostarti dallo scopo alla priorità, perché lo scopo coinvolge una quantità enorme di giudizio e ti bloccherà allo stesso modo del comportamento dipendente.

Propositi. Un proposito è come un obiettivo: è l'oggetto o il fine che lotti per raggiungere. In inglese la parola "goal" (scopo, obiettivo, finalità) assomiglia alla parola "gaol", ovvero carcere, cella. Obiettivi e propositi coinvolgono sempre il giudizio. Ti sei mai posto dei buoni propositi per il nuovo anno, che non sono andati a buon fine? Perché? Perché erano basati su giudizi che avresti dovuto fare x, y e z, e che erano le cose giuste e corrette da fare. Hai fatto dei propositi e ti sei rinchiuso nella cella del tuo giudizio.

I propositi non sono basati su una consapevolezza di ciò che in realtà è. E sono fissi: sono punti di vista fissi. Che cosa succede quando le circostanze cambiano? Avrai la consapevolezza di rendertene conto e di adottare le misure necessarie, o la tua attenzione rimarrà fissa sui propositi?

Un'altra difficoltà con i propositi e gli obiettivi è che tendono a portarti a un ulteriore auto-giudizio. Quando ci rinchiudiamo in un proposito o in un obiettivo, siamo invischiati in essi anche quando le circostanze cambiano. Ad esempio, se decidi di smettere di fumare entro la fine del mese e ti muore un parente o hai una crisi sul lavoro, e fumare è uno dei modi con cui gestisci lo stress, potrebbe essere irrealistico aspettarti che tu smetta proprio in quel periodo. Così, se hai il proposito o l'obiettivo di smettere e continui a fumare, finirai per giudicarti pesantemente.

Un approccio più espansivo è lasciare andare i tuoi obiettivi e propositi, e scegliere invece un bersaglio. Un bersaglio è qualcosa a cui puoi mirare; puoi spostarti e cambiare mentre diventi consapevole di nuove possibilità.

Discernimento. Il giudizio si presenta anche come discernimento. Infatti il discernimento viene definito come l'abilità del giudicare bene". È il processo di selezionare ciò che è buono o cattivo, o meritevole.

Il discernimento viene usato anche in correlazione al "discernere la volontà di Dio", ovvero al giudicare ciò che è giusto e ciò che è sbagliato. Generalmente viene usato come una scusa per non essere consapevoli di cosa stia realmente succedendo e per fare quel diavolo che ti pare. Ciò va bene, se ti è chiaro che stai scegliendo il giudizio al posto della consapevolezza.

Un giorno venne a trovarmi una donna che era stata in un programma a lungo termine per la dipendenza da cocaina. Era stata dipendente per tutto il periodo adolescenziale della figlia. All'età di dieci anni, la bambina trovò la madre priva di sensi, in overdose, e dovette chiamare il 112. Col tempo, la figlia ha dovuto affrontare altri simili eventi traumatizzanti. Chiesi alla donna: "E se facessimo della terapia per tua figlia?"

La donna si indignò. Chiaramente non era disposta a vedere ciò che la sua dipendenza avesse creato per la figlia. Quando tornò per la sessione successiva mi disse: "Non lavorerò con te perché so che non è volontà di Dio che mia figlia faccia terapia. Non ne ha bisogno. Farò questo programma di riabilitazione e non ho bisogno di porre alcuna domanda riguardo cosa sia stata la mia dipendenza per mia figlia."

Quando qualcuno usa il discernimento in questo modo, non potete confrontarvi: hanno già scelto e solidificato ciò che hanno deciso sia giusto e vero. In quel caso, augurai ogni bene alla donna e le dissi addio.

Definizione. Quando definisci chi sei e chi non sei, impedisci a te stesso di cambiare e di essere qualsiasi cosa tu potresti essere, perché sei entrato nel giudizio.

Ero solita definirmi come una che non poteva gestire pile e pile di scartoffie. Avevo bisogno che qualcun altro ci pensasse al mio posto. Dicevo sempre: "la modulistica non fa per me." Quando rividi questo concetto, mi resi conto che da piccola mi era stato detto di non essere brava con la modulistica e, dal momento che non ero interessata all'argomento, non sviluppai mai la capacità per gestirla. Recentemente mi sono chiesta: "Che cosa ci vorrebbe per sviluppare l'abilità di gestire pile di scartoffie? Non che non debba assumere qualcuno per aiutarmi, ma è una possibilità per me?" Era leggero.

Quindi iniziai a imparare come gestire la modulistica e ora posso occuparmi di grandi pile di scartoffie. Se fossi rimasta nel giudizio e nella definizione di chi ero (la persona che non poteva gestire pile e pile di moduli) non sarei mai stata in grado di cambiare.

Definirti come qualcosa, incluso un dipendente da..., è un altro modo per limitare o diminuire te stesso, in quanto sei molto di più di qualsiasi definizione imponi a te stesso. Quando usi la consapevolezza anziché le definizioni, puoi essere e fare molto più di quanto giudichi tu possa fare ed essere. Per favore, non usare le definizioni per limitarti.

Comparazione. Anche la comparazione è una forma di giudizio; prendi qualcosa di complesso e multi-dimensionale e lo riduci a una o due caratteristiche, lo confronti con qualcos'altro, che è stato ridotto allo stesso modo, e così arrivi a giudicare una persona o una cosa multi-sfaccettata. Questo genere di comparazione è fuorviante e insensata, perché il contesto dell'insieme è stato abbandonato. Come minimo le comparazioni sono bugie o malinterpretazioni.

Confrontare te stesso con un'altra persona inevitabilmente porta via e nasconde la tua assoluta unicità. C'è qualcuno al mondo con cui tu possa davvero compararti? Non esiste, non c'è mai stato e mai ci sarà nessun altro TE al mondo. Sei speciale e unico. Ogni volta che ti confronti con qualcun altro, devi giudicarti, contrarti e metterti nell'universo dell'altra persona, finendo così con lo sminuirti.

Le comparazioni dipendono sempre da standard esterni. Recentemente ho parlato con un giovane uomo che stava frequentando una scuola superiore altamente competitiva. I punteggi dei test degli studenti erano resi pubblici e gli studenti confrontavano i loro risultati, come se ci fosse qualcosa di terribile in loro. Dopo aver parlato un po', il giovane uomo iniziò a capire che i test erano valutazioni incomplete e inaccurate delle persone nella sua classe. I test non predicevano accuratamente nemmeno il potenziale accademico degli studenti. Eppure era come se tutti fossero d'accordo che i test avevano qualche validità intrinseca, o merito, e che il posizionamento di uno studente in confronto ad altri studenti in realtà aveva un significato.

Competizione. La competizione è una forma di giudizio promossa fortemente nella nostra cultura. La maggior parte della competizione comporta un tentativo di battere o superare qualcuno, raggiungendo uno standard arbitrario.

Anche se "vinci" la competizione o "batti qualcuno", questo ti soddisfa davvero? Quando stai facendo una competizione, che tu vinca la corsa, o che tu faccia più soldi, o che ti mostri con la miglior acconciatura, devi continuare a difendere il tuo titolo per assicurarti che nessuno ti batta. Considera questo come modo di vivere: hai limitato completamente le scelte a causa dell'energia impiegata nello stare in guardia rispetto a chi potrebbe batterti. E quanto puoi rilassarti e mostrarti per ciò che sei quando stai competendo? Se qualcuno compete con te, puoi essere tentato di buttarti nella gara. Se non ci fai caso, puoi ritrovarti nella competizione. Ma non devi bertela, se sei consapevole.

Tuttavia, esiste un tipo di competizione che è generativa: la competizione con se stessi. Competere con te stesso non significa: "Devo essere migliore", oppure "devo farlo bene." È più un: "L'ho fatto. È stato divertente. Che altro potrei fare?" Ti sur-crei. È espansivo; il giudizio non è parte di esso. "Ho infornato dei biscotti interessanti. Quali altri tipi di biscotti potrei cuocere? Che cosa potrei aggiungere a questa ricetta?" "Ho esplorato questa zona della città, anche se avevo un po' paura. Che cos'altro potrei esplorare?" "Wow, sto scegliendo di mostrarmi come sono e sto adottando sempre meno il mio comportamento compulsivo o dipendente. Che cos'altro potrei fare per aumentare questo? "

Più scegli di essere chi sei, meno ti bevi le realtà delle altre persone, ed è questo ciò che crea il giudizio; ti richiede che tu creda alla realtà di qualcun altro e che giudichi te stesso basandoti sui loro standard. Come sarebbe se rinunciassi a tutte le competizioni, meno a quelle divertenti in cui sur-crei te stesso?

Significato. Dare significato richiede sempre un giudizio. Che cosa intendo? Un giorno un enorme falco si posò sulla ringhiera del mio patio. Ero eccitata nel vederló e gli scattai alcune foto. Quando le mostrai ad alcune persone, qualcuno disse cose del genere: "Wow, il falco è un totem. Ha un sacco di significato."

Ero tentata di dare un significato alla visita del falco, e a iniziare a pensare a che cosa volesse dire, tipo: "Significa che devo sviluppare la mia energia-falco?" o "Che cosa significa per me la presenza del falco nel mio patio?" Fortunatamente non lo feci. Fui semplicemente grata per il dono di avere questo uccello magnifico a soli tre metri da me per un bel po'.

Se scegli di non dare un significato alle cose, avrai molta più consapevolezza e divertimento nella vita. Il vero vivere è la gioia dell'essere vivo, dell'essere te stesso e dell'essere consapevole. Ogni volta che ti ritrovi a dare significato a qualcosa, chiedi: "Se non gli dessi significato, di che cosa sarei consapevole qui?"

Doveri, Presupposizioni, Obblighi. Sono arbitrari. Arrivano dai punti di vista e dai giudizi delle altre persone. "Dovresti visitare tua madre più spesso", "Non dovresti essere così sensuale", "Devi aiutarmi ogni volta che te lo chiedo". Quando ti bevi i doveri, le presupposizioni e gli obblighi, ti bevi l'energia della contrazione. Entri nella realtà di qualcun altro e abbandoni l'avere scelta nella tua vita.

"Sono obbligato a essere una brava persona." Davvero? "Bravo" secondo la definizione di chi? Qualcuno disposto a mettersi a terra ed essere un tappetino? "Sono obbligato a prendermi cura di alcuni familiari." Se è leggero ed espansivo per te, se ti onora, allora fallo. Ma quando è leggero non è un obbligo. Si tratta di scelta.

Gli obblighi ti mettono in "pilota automatico". Tolgono la scelta e ti fanno agire in accordo al programma di qualcun altro.

"Ho degli obblighi ed essi tengono insieme la mia vita. Io non esisto davvero, ma va bene perché sto adempiendo le mie responsabilità e, ovviamente, lo sto facendo bene." È tutto un giudizio.

Quando diventi consapevole di dove ti sei bloccato con doveri, presupposizioni e obblighi, chiediti:

- Okay, che cos'è?
- Di chi è questa idea?
- Chi pensa che dovrei fare questa cosa o che sia obbligato a farla?
- Mi funziona?
- Mi dà più di me stesso?
- Sta aggiungendo alla mia vita?

Se ti sei devoto a prenderti cura di tutti i tuoi familiari, cosicché loro non debbano prendersi cura di se stessi, e all'improvviso ti allontani da loro iniziando a fare scelte che funzionano davvero per te, potresti essere giudicato come egoista. Spesso è il giudizio degli altri a farci ritornare ai doveri, alle presupposizioni e agli obblighi. Sii consapevole di questo e non berti l'idea che, se ti prendi cura di te stesso, sei egoista o autoreferenziale. In realtà è l'opposto. Quando tu sei te stesso, sei sulla strada per diventare il dono che sei per il mondo.

E quando stai essendo te stesso, sarai meno portato ad assumere il tuo comportamento dipendente o compulsivo. Sceglierai di prenderti cura di te e del tuo corpo, e farai delle scelte che espanderanno la tua vita, anche in momenti stressanti.

Epilogo

Lasciarsi alle spalle la dipendenza è un viaggio che richiede enorme coraggio. Se lo stai scegliendo, sii gentile con te stesso. Mentre inizierai a lasciare andare i sistemi di credenza limitanti e i doveri, gli obblighi e le responsabilità con cui sei stato programmato, potrai incontrare resistenza da parte degli altri, addirittura anche da parte di te stesso. Andrai contro la norma e, spesso, contro ciò che è considerato buono e giusto. Per favore, ricorda che tu, e solo tu, puoi sapere che cosa espanderà davvero la tua vita. Potrebbe richiedere un po' di tempo per imparare che puoi fidarti di te stesso nel riconoscere ciò che sai e nel sapere quali sono le azioni corrette da intraprendere in una data situazione. Potrebbero esserci molte partenze e arresti, così come scoraggiamenti e ansie. Ti incoraggio ad andare avanti. Il dono più grande che puoi fare a te stesso e al mondo è mostrarti per come sei in realtà, con tutte le parti e i pezzi che hai ritenuto inaccettabili. Quando lo fai, la dipendenza non può esistere. Si presenta solo quando non stai essendo te stesso.

Molti clienti mi hanno espresso il dubbio: "E se fossi una persona terribile? E se l'unico modo per impedirmi di fare cose cattive sia agire partendo dal giudizio?" Non lo sei e quello non è il modo. Quando inizi a vivere la tua vita da ciò che sai essere vero per te, anziché da tutte le varie forme di giudizio che hai accumulato, c'è un'incredibile energia di leggerezza e di espansione di contributo per tutti. E se potessi essere d'ispirazione agli altri, anziché essere un altro ingranaggio della ruota? Mostrandoti per come sei, non solo ti libera dalla dipendenza, ma permette agli altri di vedere che esiste un'altra strada. Essere la grandezza di te può essere un po' spaventoso. Probabilmente va contro tutto quello che hai deciso essere vero di te, ma quanto potrebbe essere divertente? Quanta più gioia, espansione, scelta e possibilità sei disposto ad avere? L'invito è qui. Che cosa sceglierai?

Definizione di Dipendenza

La dipendenza è un modello radicato di evasione e/o fuga da una vita che sembra essere troppo opprimente e dolorosa. È uno spazio in cui vanno le persone per non esistere, per non fare esperienza del dolore dell'auto-giudizio e del senso dell'essere intrinsecamente sbagliati. È un volo dal sé immaginato o falso, verso un luogo contratto di esistenza. Che si tratti di alcool o cibo, di essere una vittima o del super-lavoro, l'individuo trova qualcosa dove fuggire e poi, erroneamente, decide che la sostanza o l'attività sia necessaria e richiesta per sopravvivere. La scelta è sacrificata in favore della menzogna della dipendenza e l'individuo comincia un ciclo di auto-perpetuazione in cui diventa sempre più ridotto. Da questo spazio è facile credere che non vi sia alcuna possibilità di liberazione o di riabilitazione.

Tuttavia, poiché le ipotesi alla base del percorso di dipendenza sono basate su informazioni sbagliate, conclusioni imprecise e decisioni, la vera riabilitazione è possibile. La dipendenza non è una condanna a vita o un'identità. Si tratta di un modello comportamentale creato, e con accurate informazioni e strumenti chiunque può arrivare a uno spazio di vera scelta rispetto a qualsiasi comportamento. Man mano che le persone hanno il potere di rivendicare sempre più ciò che sono, il comportamento dipendente perde la sua forza e l'individuo è libero di creare la vita che desidera veramente.

Risorse

Per contattare Marilyn o scoprire altro sul programma
"Giusta Riabilitazione per Te" visita:
www.rightrecoveryforyou.com

Per scoprire altro su Access Consciousness® o per trovare un
facilitatore di Access Consciousness® nella tua area, visita:
www.accessconsciousness.com

Per ulteriori informazioni sulla frase di pulizia
di Access Consciousness®, visita:
www.theclearingstatement.com

L'Autrice

Marilyn Bradford, MSSW, MEd., CFMW, è una speaker internazionale, psicoterapeuta e insegnante che ha lavorato nel campo della dipendenza per oltre vent'anni. È la direttrice di Giusta Riabilitazione Per Te, un approccio unico nel suo genere e radicale per porre fine a qualsiasi comportamento dipendente o compulsivo. Sono state le sue stesse dipendenze da alcol, cibo e erroneità di sé, e la sua indisponibilità ad accettare la dipendenza come una sentenza a vita, che l'hanno portata a creare questo programma così trasformativo e diverso.

Cresciuta in una famiglia accademica che sottolineava il supremo valore della logica e del metodo scientifico, Marilyn seppe fin dalla più tenera età che non si sarebbe adattata bene a questo mondo. Era un "pezzo quadrato" che doveva entrare in un buco rotondo. Ciò che gli altri davano per scontato, a lei sembrava follia. Questo è stato l'inizio del senso della fondamentale inadeguatezza/erroneità di sé, che in seguito la portò a rifugiarsi nel cibo, nell'alcol e ad adattarsi alla realtà delle altre persone.

All'epoca non sembravano esserci altre alternative. Alcuni casi di abuso si aggiunsero al suo desiderio di fuggire. Dopo anni di dipendenza, Marilyn entrò in un programma tradizionale di trattamento. Nonostante l'abbia aiutata a smettere di far uso di alcol, le divenne inaccettabile l'enfasi sull'impotenza, sull'erroneità e l'essere etichettati come alcolizzati; sapeva in qualche modo che lei e le persone incontrate nel programma avevano delle capacità creative e generative negate e danneggiate dai più comuni sistemi di credenze in merito alla dipendenza.

Durante la ricerca di metodi alternativi, fu introdotta ad Access Consciousness®, grazie a cui trovò strumenti e tecniche pragmatiche che avrebbe in seguito usato per potenziare se stessa e gli altri, ad andare oltre i sistemi di credenze limitanti che prevalgono in questa società. Vedendo il grande miglioramento nei suoi clienti psicoterapici/dipendenti grazie all'utilizzo di questi strumenti, si avvicinò a Gary Douglas, il fondatore di Access Consciousness®, e insieme fondarono "Giusta Riabilitazione Per Te".

Ora Marilyn viaggia per il mondo e offre ad altri la possibilità di liberarsi davvero dalla dipendenza.

Seminari di Giusta Riabilitazione

Un Approccio Radicalmente Nuovo per Porre Velocemente Fine alla Dipendenza

Giusta Riabilitazione per Te (RRFY) è un approccio radicalmente nuovo per liberare le persone dalla dipendenza, in modo più veloce e con meno energia rispetto agli altri programmi tradizionali. NON è terapia. NON è controllo della dipendenza. Riguarda il PORRE completamente FINE alla dipendenza, una volta per tutte.

Mentre gli Alcolisti Anonimi ti richiedono la presenza a incontri per tutta la vita, Giusta Riabilitazione per Te può portare le persone allo spazio della scelta riguardo il loro comportamento dipendente e guarire il dolore delle persone sulla dipendenza (droghe, cibo, sesso, gioco d'azzardo, lavoro, malattia, mentalità vittimistica) in circa sei sessioni.

La co-fondatrice di RRFY, Marilyn Bradford, MSSW, CFMW, MEd., è una speaker internazionale e insegnante che ha lavorato nel campo della riabilitazione dalla dipendenza per più di vent'anni. Ha superato con successo anche la sua stessa dipendenza da alcol e sigarette.

"Gli strumenti e le tecniche di Giusta Riabilitazione sono stati in grado di terminare il dolore e la confusione della dipendenza con più facilità, meno impiego di tempo ed energia, e senza un'etichetta patologica che ti si appiccica addosso per tutta la vita", dice Marilyn. "Tratta il nucleo del problema, non solo i sintomi, per una riabilitazione completa."

Che cosa c'è di così diverso nell'approccio di Giusta Riabilitazione per Te?

1. **La dipendenza non è una malattia**

   A differenza di altri programmi, RRFY sostiene che la dipendenza NON è una malattia, ma è il solo il risultato di una serie di scelte personali basate sulla mancanza di informazioni, di abilità di vita e strumenti appropriati. Un soggetto dipendente sceglie un linguaggio distruttivo, delle sensazioni e conclusioni negative su se stesso e sulla vita.

2. **Creare scelta, non astinenza**

   RRFY NON chiede alle persone di abbandonare le loro sostanze o i processi di cui sono dipendenti. Ciò che fa, invece, è potenziare con successo gli individui ad arrivare a uno spazio di completa scelta, in modo tale che abbiano libertà, per esempio, di bere o non bere.

3. **NESSUNA etichetta di dipendenza**

   RRFY non etichetta mai le persone come dipendenti. Anzi, RRFY vede la dipendenza come un comportamento che giunge a termine quando l'individuo avrà la giusta conoscenza e gli strumenti per effettuare scelte comportamentali nuove e più potenzianti.

4. **La scoperta della dipendenza primaria versus la secondaria**

   La scoperta di Marilyn riguardo il fatto che ci sia una dipendenza primaria verso il giudizio e l'erroneità del sé, ha fatto sì che assistesse i suoi clienti in una trasformazione ancora più veloce. La dipendenza primaria è sempre alla base di qualsiasi dipendenza secondaria (come l'alcol, il sesso o il gioco d'azzardo). Se questa dipendenza primaria non viene ripulita è comune che avvenga una lotta e una ricaduta verso altre dipendenze è frequente.

5. Un insieme di domande e strumenti potenzianti

La maggior parte delle persone con comportamenti dipendenti cerca di trovare qualcosa di sbagliato nel proprio sé. RRFY usa domande e strumenti strategici per potenziare i clienti a lavorare e porre fine alla loro dipendenze, inclusi:

Che cosa c'è di giusto nella tua dipendenza che non stai vedendo? Le dipendenze danno sempre un beneficio alle persone bloccate in quel comportamento (per esempio, un fumatore si prende una pausa dal lavoro.)

- A chi appartiene? La maggior parte dei nostri pensieri, sentimenti ed emozioni in realtà non ci appartiene. Una domanda grandiosa da porre è: Al posto di chi stai bevendo? Al posto di chi stai spendendo? O mangiando? O venendo abusato?*
- È leggero o pesante? Se è leggero, è vero. Se è pesante, è una bugia. Usare lo strumento leggero e pesante insegna alle persone a fidarsi nuovamente di se stesse e a smettere di credere alla versione della vita di altre persone anziché alla propria.*
- Fai qualcosa di diverso ogni giorno. Tutti i comportamenti dipendenti e compulsivi sono abitudini importanti. Sviluppare il muscolo del fare scelte diverse, potenzia le persone ad avere più scelta riguardo il loro comportamento.
- Lascia andare la colpa, la vergogna e il rimpianto. Sono stati innaturali che abbiamo imparato e che nutrono la dipendenza. Come sarebbe se fossi disposto a lasciarli andare?

NOTA: Le domande contrassegnate da un asterisco sono strumenti che arrivano direttamente da Access Consciousness®

Per ulteriori informazioni e per contattare Marilyn Bradford visita:

Testimonianze

Marilyn Bradford mi ha salvato la vita. Spendevo dai 500 ai 1000 dollari alla settimana in cocaina e, all'epoca, non dormivo da una settimana. È stato il periodo più nero della mia vita. E poi mi fu raccomandata Marilyn. Dopo averla incontrata per sei settimane, ruppi la mia abitudine quotidiana per la prima volta dopo diversi anni. Marilyn mi ha dato gli strumenti per curare la mia dipendenza e creare la vita che avevo sempre voluto. Oggi sono felice e libera dalla dipendenza da cocaina.

CC, Texas

Marilyn Bradford ti apre tutte le porte. Ho speso anni nei programmi "Dodici Passi" per diverse dipendenze. Ammettere che ero senza potere sembrava ammettere di essere sbagliata. Marilyn mi ha aiutato a riconoscere che ero dipendente dall'essere sbagliata, e che quell'essere sbagliata per me in realtà era uno posto comodo. Era un posto che mi teneva bloccata nelle mie vecchie abitudini. La facilitazione e i processi di Marylin mi hanno dato le illuminazioni e la libertà di pulire queste abitudini e dipendenze. Ora tutto è possibile. Tutte le porte sono aperte.

M.L., Australia

Marilyn è una facilitatrice intelligente e gentile. Ha il dono di sapere e distillare l'esatta essenza che richiedi (dal suo vasto repertorio), per potenziarti a fare i cambiamenti che sei pronto a fare in quel momento. È chiaro che le tecniche che insegna arrivano dalla sua esperienza personale.

Marilyn sa quello che funziona.
M-J, Korea/Australia

Marilyn è in grado di aggiungere in maniera geniale gli strumenti di Access e le tecnologie alla sua conoscenza e saggezza riguardo le dipendenze, i quali creano un impatto incredibile! Questo non solo cambia le cose nella realtà fisica riguardo il comportamento dipendente, ma cambia i modelli energetici che reggono in piedi i sistemi di credenze e i programmi passati (i quali includono i modelli familiari assunti da piccoli) e che rendono le dipendenze così difficili da eliminare usando solo i metodi tradizionali impiegati nella nostra società. Se davvero ti piacerebbe scegliere di eliminare totalmente qualsiasi tipo di comportamento dipendente, questo è il tuo biglietto per il nuovo TE!

D.O., Tennessee

Ho partecipato a una delle tele-classi di Marilyn, e ho fatto anche una sessione privata con lei. Ciò che amo di Marilyn è la sua autenticità, la sua disponibilità a usare gli strumenti di Access e a farmeli usare. È davvero coerente. Aspettatevi dei risultati con lei, non vi fa perdere e non perde tempo.

L.L., Minnesota

Marilyn ha una straordinaria conoscenza della dipendenza applicata a qualsiasi tipo di comportamento, del modo in cui questo ti tiene bloccato e del modo in cui puoi iniziare a cambiarlo. Sono sempre esterrefatta da tutte le informazioni e le rivelazioni che ricevo dalle sue chiamate su "Puja network" e dalle tele-serie "Porre fine alla Dipendenza Primaria: Il Giudizio e L'Erroneità di Sé". Marilyn presenta la sua profonda conoscenza in un modo molto chiaro, con humor, e la trovo una facilitatrice davvero potenziante.

C.M., Netherlands

Sono così grata a Marilyn per il contributo che è stata nel cambiare così tanto il mio mondo. Ho recentemente partecipato alla tele-serie "Porre fine alla Dipendenza Primaria". Attraverso queste chiamate, lei è stata per me l'invito ad accedere a più di me stessa. Non chiedetemi di spiegare come... è come se fosse davvero magia! La sua disponibilità a seguire l'energia e a essere nell'allowance totale di ogni partecipante é stata davvero un dono. So che questo ha fornito uno spazio per me in cui sentirmi a mio agio nel porre domande e nell'essere più vulnerabile. Grazie Marilyn, per tutto quello che sei. Sto traboccando di gratitudine!

F.S, New Zealand

Marilyn è geniale. La sua disponibilità a esplorare il mondo della dipendenza "fuori dalla scatola" ci porta dall'essere senza speranza e dalla distruzione alle possibilità di vivere. L'esperienza di Marilyn e la sua ricerca costante di informazioni, combinate con il suo sapere intuitivo, la sua cura amorevole e la sua gentilezza, potenziano passo a passo ognuno di noi a farci carico e vivere le nostre vite.

D.M., Minnesota

Dalla prima volta in cui incontrai Marilyn, sapevo che aveva qualcosa di "speciale". Anni fa, mentre seguivo diverse terapie, desiderai avere qualcuno come Marilyn a cui rivolgermi. È gentile, premurosa e geniale nella sua facilitazione. E, non farti ingannare, sa tagliare come un laser, ti fa vedere "la tua roba" e ti potenzia a "sapere quello che sai". È come la mamma gentile, consapevole, potenziante, con cui avrei voluto crescere. Nelle classi e nelle tele-classi che ho fatto con lei ho percepito che mi spalleggiava e che potevo essere vulnerabile e dirle qualsiasi cosa, perché è in allowance e non giudica. Come sono diventata così fortunata?

Con gratitudine,
L.W., Colorado

Sebbene io non sia di madre lingua inglese, mi sono sempre sentita ascoltata nelle tele-classi con Marilyn. Non mi sono sentita giudicata e quindi mi sono aperta ai maggiori cambiamenti che sono avvenuti, con lei che era lì ad assistermi. E so che era lì per tutte le persone che partecipavano alla tele-chiamata. Straordinario! Prima mi sentivo contratta, come immersa in un senso di pesantezza. Mi ha dato gli strumenti di Access, che ho usato. Oggi sento leggerezza. Ho un senso di maggior spazio e pace. Dormo meglio. La mia testa non gira più e mi sento bene con me stessa.

Grazie Marilyn,
N.C., Rio de Janeiro, Brasile

Altri libri di Access Consciousness®

Sii Te Stesso. Cambia Il Mondo (tradotto in Italiano)
di Dott. Dain Heer

Hai sempre saputo che QUALCOSA DI COMPLETA-MENTE DIVERSO è possibile? Come sarebbe se avessi un libretto delle istruzioni delle infinite possibilità e dei cambiamenti dinamici per guidarti? Con strumenti e processi che funzionassero davvero e ti invitassero a un modo di essere completamente diverso? Per te? E per il mondo?

Le Dieci Chiavi per la Libertà Totale
di Gary M. Douglas e Dott. Dain Heer

Le Dieci Chiavi per la Libertà Totale sono un modo di vivere che ti aiuterà a espandere la tua capacità di consapevolezza, cosicché tu possa avere maggior consapevolezza su te stesso, sulla tua vita, su questa realtà e oltre. Con maggior consapevolezza puoi iniziare a creare la vita che hai sempre saputo essere possibile ma che non hai ancora raggiunto. Se sarai e farai queste cose, sarai libero in ogni aspetto della tua vita.

Embodiment: Il Manuale Che Avrebbero Dovuto Darti Quando Sei Nato
di Dott. Dain Heer

Le informazioni che avrebbero dovuto darti quando sei nato sui corpi, sull'essere te e ciò che è davvero possibile se lo scegli... E se il tuo corpo fosse una fonte infinita di gioia e grandiosità? Questo libro ti introduce alla consapevolezza che esiste davvero una scelta diversa per te, e per il tuo dolce corpo.

Right Body for You
di Gary M. Douglas e Donnielle Carter

Questa è una prospettiva molto diversa sui corpi e sulla tua abilità di cambiare il tuo corpo. Potrebbe essere molto più facile di quanto tu abbia mai saputo fosse possibile! Right Body for You è un libro che ti ispirerà e ti mostrerà un modo diverso di creare il corpo che davvero desideri.

Psicologia Pragmatica: Strumenti Pratici Per Essere Follemente Felici (tradotto in Italiano)
di Susanna Mittermaier

Tutti hanno almeno una persona "pazza" nella loro vita, vero (e forse siamo proprio noi!)? E ci sono un sacco di etichette e diagnosi là fuori (depressione, ansia, ADD, ADHD, bipolarismo, schizofrenia...) E se ci fosse una possibilità diversa rispetto alla malattia mentale? E se il cambiamento e la felicità fossero una realtà totalmente disponibile? Susanna è una psicologa con una straordinaria capacità di facilitare ciò che questa realtà spesso definisce come pazzia da un punto di vista completamente diverso: quello delle possibilità e della facilità.

Divorceless Relationships
di Gary M. Douglas

La maggior parte di noi passa un sacco di tempo divorziando parti e pezzi di noi stessi in modo da poterci occupare di qualcun altro. Ad esempio, ti piace andare a correre ma, al posto di correre, passi quel tempo col tuo partner per mostrargli/le che davvero ti importa di lui/lei. "Ti amo così tanto che rinuncerei a questa cosa a cui tengo molto per poter stare con te." Questo è uno dei modi nei quali divorzi da te stesso per creare una relazione intima. Quanto spesso divorziare da te stesso funziona davvero nel lungo termine?

Beyond the Stigma of Abuse
di Linda Wasil

Se hai provato di tutto e sei ancora "bloccato" o stai ancora cercando, per favore, unisciti a me per un modo totalmente diverso di gestire il problema dell'abuso. Questo libro non sarà come nient'altro tu abbia mai letto, sentito o bevuto come vero riguardo l'abuso. E se questa fosse l'informazione che chiedevi?

Leading from the Edge of Possibility: No More Business as Usual
di Chutisa e Steven Bowman

Immagina come sarebbe il tuo business e la tua vita se smettessi di funzionare dal pilota automatico e iniziassi a generare il tuo business con consapevolezza strategica e prosperità consapevole. È davvero possibile, ma solo se hai la disponibilità di cambiare. Riconoscere una possibilità diversa richiede un assetto mentale diverso e quasi sempre richiede un tipo di consapevolezza che non fa parte delle precedenti esperienze.

Con questo libro avrai la consapevolezza di cui hai bisogno per portare il tuo business in ogni ambiente!

Gioia del Business
di Simone Milasas

Se stessi creando il tuo business dalla gioia, che cosa sceglieresti? Che cosa cambieresti? Che cosa sceglieresti se sapessi di non poter fallire? Il business è GIOIA, è creazione, è generativo. Può essere l'avventura del VIVERE.

www.ingramcontent.com/pod-product-compliance
Lightning Source LLC
Chambersburg PA
CBHW010143270326
41928CB00018B/3241